königlich sächsische Infanterie (IV)

Die Linien- und leichte Infanterie

1814 - 1815

und

Ergänzungen

1810 -1813

Jörg Titze

Beiträge zur sächsischen Militärgeschichte zwischen 1793 und 1815

Heft 29

Abb. 01   Mannschafts-Tschako (Foto private Sammlung)

Die

königlich sächsische Infanterie (IV)

Die Linien- und leichte Infanterie

1814 - 1815

und

Ergänzungen

1810 -1813

Bibliographische Information der Deutschen Biliothek

Die Deutsche Bibliothek verzeichnet diese Publikation in der Deutschen Nationalbibliographie; detaillierte bibliographische Daten sind im Internet über http://dnb.ddb.de abrufbar.

Die Deutsche Bibliothek – CIP – Einheitsaufnahme

Jörg Titze

Die königlich sächsische Infanterie (IV): Die Linien- und leichte Infanterie 1814 – 1815 und Ergänzungen 1810 – 1813

ISBN 978-3-7347-5297-1

© 2015 Jörg Titze

Herstellung und Verlag:

Books on Demand GmbH, Norderstedt, 2015

Inhaltsverzeichnis

                                                                                    Seite

1.	**Einleitung**	**7**
2.	**Organisation**	**9**
2.1	Allgemein	9
2.2	Die Organisation vom 01./13.12.1813	12
2.3	Die Stärkeentwicklung	14
2.4	Die Teilung der Armee und die Neuformation vom Juli 1815	19
2.5	Sonstiges	21
2.5.1	Die Mannschaftsgröße	21
2.5.2	Die Offiziersburschen	21
2.5.3	Die Offizierspferde	21
3.	**Die Uniformierung**	**22**
4.	**Die Bewaffnung und Ausrüstung**	**31**
4.1	Die Bewaffnung	31
4.1.1	Die Gewehre	31
4.1.2	Die Seitengewehre	34
4.2	Die Ausrüstung	35
4.3	Die Orden	40
4.5	Die Fahnen	40
5.	**Die Kriegsgesetze**	**41**

6.	**Quellen**	**42**

7.	**Anlagen**	**43**
01	Die Offizierslisten des mobilen Teils der Heeresinfanterie zum 01./30.11.1813 nebst den Veränderungen bis zum April 1814	
02	Die zum Wartegeld ausgesetzten Offiziere der Infanterie mit Beginn Wartegeldbezug ab November 1813 – Februar 1814	
03	Verzeichnis der Offiziere, welche als noch in Gefangenschaft befindlich geführt werden vom 10.03.1814	
04	Die Offizierslisten des mobilen Teils der Heeresinfanterie zum März bzw. Mai 1815	
05	Auszug aus dem Armeebefehl vom 12.11.1813	
06	Traktament, Löhnung, Portionen und Rationen	
07	**Ergänzungen zu den Jahren 1810 – 1813**	
07.1	Die Beschaffung der Infanterie-Gewehre	
07.2	Bemerkenswertes aus den Berichten der Musterinspektoren vom Jahre 1811	
07.3	Die großen, grauen Leinwandsäcke von 1811/12	
07.4	Die „Cassenbillets"	
07.5	Die Anrechnung fremder Kriegsdienste auf die Dienstzeit	

1. Einleitung

Nach dem Übergang der sächsischen Truppen bei Leipzig hatte sich die Lage für Sachsen nicht wie erhofft gebessert, sondern eher noch verschlechtert. Das Land war nach wie vor von fremden Truppen besetzt, der König sogar als Kriegsgefangener nach Berlin gebracht und die Armee durfte wieder für fremde Interessen ins Feld ziehen. Die aktive Beteiligung der sächsischen Armee am „Befreiungskampf" des Jahres 1814 ist in dem Bucher'schen Werk[1] ausführlich beschrieben, auf welches ich den interessierten Leser hinweisen möchte.

Bevor jedoch die Sachsen sich am „Befreiungskampf" beteiligen durften, musste die Armee wieder reorganisiert und auf die Stärke gebracht werden, die man zuvor den Franzosen stellungspflichtig gewesen war. Um ihren patriotischen Eifer für die alliierte Sache unter Beweis zu stellen, durften die ehemaligen Rheinbündler zusätzlich eine – den Linientruppen in Stärke gleiche – Landwehr aufstellen.

Welche Kraftanstrengungen in dem vom Krieg verheerten, von den Alliierten besetzten und unter fremden Gouvernement stehenden Land gemacht werden mussten, kann man sich wohl kaum wirklich vorstellen.

Die Aktenlage für die Infanterie von Ende 1813 bis Mitte 1815 ist durchwachsen. Es sind zwar viele Akten für diesen Zeitraum vorhanden, die sich aber meist nur am Rande oder im laufenden Text versteckt mit den in diesem Heft behandelten Themen beschäftigen.

Vorherrschend und sich wie ein roter Faden durch die interessanten Textstellen ziehend sind die Themen Offiziere und Mannschaften, Gewehre und Ausrüstung.

Zur Ergänzung konnten seitens der Memoirenliteratur die Erinnerungen der Herren von Larisch[2] und Vollborn[3] zugezogen werden.

Nicht versäumen möchte ich auf das Werk von Capefigue/Zezschwitz hinzuweisen[4], welches einen guten Überblick über die politischen Zustände und den Vorfällen bei den sächsischen Truppen im Jahr 1815 gibt.

Der freundlichen Unterstützung von Herrn Steffen Poser vom Stadtgeschichtlichen Museum Leipzig verdanke ich die Möglichkeit, in diesem Heft eine zeitgenössische Abbildung zweier Infanteristen (der Gebrüder Patzsch) aus dem Jahr 1815 zeigen zu können, die – abgesehen von den von späterer und fremder

---

[1] Ludwig Ferdinand Bucher „Der Feldzug des dritten deutschen Armee-Corps in Flandern im Befreiungskriege des Jahres 1814", Leipzig 1854. Es ist im Netz auffindbar und kann heruntergeladen werden.
[2] Capefigue – 1814 und 1815 / Der Wiener Congreß und das heutige Europa nebst actenmäßiger Darstellung der Königl. Preuß. Decimation des, seinem Eide treu gebliebenen Sächsischen Heeres, von einem alten Sächs. Veteranen – Grimma 1847
[3] A. von Larisch – Oberst von Larisch, Ein Zeit- und Lebensbild – Dresden 1888
[4] Friedrich Vollborn – Erlebtes (IV) vom 16.03.1814 bis mit 02.01.1816 – Norderstedt 2014

Hand hinzugefügten Bärten und Sporen – eine uniformkundliche Rarität ersten Ranges darstellt.

Weiterhin enthalten ist eine Reihe von in den 1980ern entstandenen Fotos aus privaten Sammlungen, die damals zugängliche Originale zeigen. Hier danke ich meinem Freund Jörg Hensel für dessen Unterstützung.

Bedanken möchte ich mich beim Team des Hauptstaatsarchives Dresden für die wiederum problemlose Bereitstellung von Akten und Kopien. Ein besonderer Dank geht an Frau Petra Weickert, die sich wohl langsam wie meine persönliche Kopistin vorkommen muss.

Ich habe mir erlaubt, in diesem Heft in der Anlage 07 einer Reihe von Informationen einfließen zu lassen, die für den Zeitraum 1810 – 1813 (bei einigen auch darüber hinaus) von Interesse sein können – wie die Themen Infanteriegewehre und Kassenbillets – und zum besseren Verständnis der Gesamtsituation betragen können.

Sprotta-Siedlung im Dezember 2014

Abb. 02   Etat eines Linien-Regiments (aus Stamm- und Rangliste 1815)

2. Die Organisation

2.1 Allgemein

Der mit der Reorganisation der sächsischen Armee beauftragte russische Generalleutnant Thielmann gab der Infanterie am 29.10.1813 folgende Einteilung:

1 prov. Grenadier-Regiment zu 3 Bataillonen mit gesamt 2.706 Mann[5]
1. prov. Linien-Regiment zu 3 Bataillonen mit gesamt 2.724 Mann[6]
2. prov. Linien-Regiment zu 3 Bataillonen mit gesamt 2.724 Mann
1 prov. Regiment leichter Infanterie zu 3 Bataillonen mit gesamt 2.716 Mann[7]
1 Bataillon Fußjäger mit gesamt 403 Mann[8]

Diese Truppenteile setzten sich wie folgt zusammen:

prov. Grenadier-Regiment
I. Btl. Leib-Grenadier-Garde, II. Btl. ehem. Btl. König, III. Btl. die verbleibenden Grenadiere aller Regimenter

1.prov. Linien-Regiment
I. Btl. Niesemeuschel, II. Btl. Low, III. Btl. Anton

2.prov. Linien-Regiment[9]
I. Btl. Rechten, II. Btl. Friedrich[10], III. Btl. Steindel

prov. Regiment leichter Infanterie
I. Btl. LeCoq, II. Btl. Sahr; III. Btl. neu zusammengestellt.

Da neben der Heeresinfanterie noch 22 Bataillone Landwehr-Infanterie zu je 830 Mann und 1 Regiment Banner-Infanterie aufgestellt wurde bzw. werden musste, beeinträchtigte dies die Reorganisation der Heeresinfanterie erheblich[11]. So

---

[5] 6 Stabs- und 57 Oberoffiziere sowie 2.643 Unteroffiziere und Mannschaften
[6] 4 Stabs- und 53 Oberoffiziere sowie 2.667 Unteroffiziere und Mannschaften
[7] 4 Stabs- und 53 Oberoffiziere sowie 2.659 Unteroffiziere und Mannschaften
[8] 2 Stabs- und 19 Oberoffiziere sowie 382 Unteroffiziere und Mannschaften
[9] Die Bataillonseinteilung bei beiden prov. Regimentern nach Prof. Holtz. Eine Bedarfsanzeige von 22.11.1814 gibt hiervon abweichend: 1.prov. Rgt. mit I.Bon (Anton), II.Bon (Low) und III.Bon (Niesemeuschel); 2.prov. Rgt. mit I. (Friedrich), II. (Steindel) und III.Bon (Rechten).
[10] Die Bataillone waren hauptsächlich aber nicht ausschließlich aus den Mannschaften der genannten Regimenter gebildet worden. So standen z.B. beim 2.prov. Rgt. in der 5.Kpn. 101, der 6.Kpn. 102, der 7.Kpn. 138 und in der 8.Kpn. 146 Mann (von jeweils 159 Mann) des ehem. Regiments Friedrich. (Geschichte 106er)
[11] „Das 2te Bataillon des Banner-Infanterie-Regiments, welches durch das Ausbleiben vieler Freiwilliger nicht completirt war, erhielt Mannschaften von der Landwehr-Reserve …" Ryssel an Thielmann am 07.02.1814; „Auch werden sich Ew. Excellenz sehr bald überzeugen, daß indem alle Mittel aufgeboten werden, die Landwehr-Bataillons zweckmäßig und schnell zu organisieren, den Linien-Truppen eine beinahe unglaubliche Anzahl guter Offiziers, Unteroffiziers und Gemeine entzogen werden, die bei Bildung und Organisation der etwa nothwendig werdenden Ergänzungs-Truppen sehr fühlbar werden muß, weil die Meisten wahrscheinlich daselbst

machten sich die Armeebehörden[12] (u.a. der Generalmajor von Mellentin als Kommandeur aller Depots in Sachsen), der Generalmajor von Vieth (als Chef der Landesbewaffnung verantwortlich für die Aufstellung der Landwehr) und der Generalmajor von Carlowitz (als Chef des Banners) die Rekruten streitig.

Die Kommunikation zwischen diesen Einzelbehörden war in dieser hektischen Zeit nicht die beste[13].

Zum 01.11.1813 wurde ein 3.prov. Linien-Regiment listenseitig aufgestellt. Es enthielt fast nur Kader von noch in Gefangenschaft befindlichen Offizieren[14]. Diesem Regiment, dem die aus der Gefangenschaft zurückkehrenden Unteroffiziere und Mannschaften nach Vollzähligmachung der beiden ersten Regimenter zugeteilt wurden, sollten aufgrund der ausbleibenden Gefangenen[15] 1.200 Mann aus der Landwehr-Reserve zur Komplettierung überwiesen werden. Diese sollten am 08.02.1814 in Oschatz eintreffen. Allein konnte diese Zahl nicht aufgebracht werden, so dass vor der Hand nur 450[16] Mann aus der Landwehrreserve gestellt wurden. Das 1. Bataillon sollte am 16.03.1814 und das 2. Bataillon am 24.03.1814 marschbereit[17] sein[18].

---

verbleiben und bereits mitmarschirt sind. Allein von denen Depots der Infanterie sind zur Organisation der Landwehr 4 Offiziers, 7 Feldwebel, 10 Sergeanten, 20 Korporals, 5 Tambours und 144 Gemeine kommandirt worden…" Mellentin an Thielmann am 18.03.1814 / „Ew. Excellenz befahlen mir gestern einige Offiziers zur Landwehr abzugeben, und ich habe demnach den Premierlieutn. Böhme vom 2^n prov. Linien-Rgt., Souslieutn. von Altrock vom 1^n prov. Linien-Rgt. und Souslieutn. Suck vom 1^n Batl. des 2^n leichten Rgt.s hierzu bestimmt…" Brause an Thielmann am 29.01.1814

[12] zuständig war die IV. Sektion des Gouvernements, seit $^{07.}/_{19.}$01.1814 Departement des Kriegswesens (hier I. Abteilung = Beförderungen, Entlassungen, Depots, Rekrutierung und Invaliden).

[13] „So bin ich z.B. nicht vermögend .. die etwa nothwendig werdende Versetzung mehrerer Offiziers … schuldigermaßen anzuzeigen, und vorzutragen, weil ich davon keine Kenntniß erhalte; so sollen die Majors von Holleufer und Capitain Schmidt vom 2^n prov. Regiment zu der Landwehr versetzt sein, ohne daß ich weis, ob Ew. Excellenz darüber Kenntnis erhalten haben." Melletin an Thielmann am 18.03.1814

[14] Von den listenseitig erfassten 50 Offizieren befanden sich 10 nicht in Gefangenschaft. Von diesen 10 Offizieren wurden 9 zum 01.11.1813 wieder versetzt.

[15] „Heute ist die 5te Colonne der Gefangenen aus Bialestock eingetroffen, welcher den 1ten März die 6te und letzte von daher folgt. Auch trifft den 2ten März eine Abtheilung Gefangener aus Warschau ein, so wie auch die in Modlin gestandenen Detachements eingetroffen sind. Alle diese Abtheilungen Gefangener sind nicht allein durch Krankheit und dem Zurückbleiben mancher Soldaten in Rußland und Pohlen weit schwächer, als man erwartete, eingetroffen, sondern es befinden darunter auch viele zum Felddienst untüchtige Invaliden … Von denen Gefangenen, die nach den Gouvernement Oral gebracht worden, haben wir noch gar keine Nachricht." Ryssel an Thielmann am 17.02.1814

[16] „zu der Organisation des 3ten prov. Regiments sollen des nächsten 450 Rekruten aus der Landwehr-Reserve abgeliefert werden." Mellentin an Thielmann am 26.02.1814

[17] Am 07.02.1814 schreibt Ryssel an Thielmann „Die Landwehr ist in sehr guten Zustande, nicht minder auch das 1ste Bataillon des 3ten prov. Linien-Regiments. Die Formierung des 3ten prov. Regiments ist langsam erfolgt, und noch das 2te Bataillon nicht ganz vollzählig, weil die von der Landwehr-Reserve abgegebenen 450 Mann nicht eher in Döbeln eintrafen. Das 2te Bataillon …

Zum 01.12.1813 trat eine neue Organisation in Kraft, die von der am 29.10.1813 abwich. Nach dieser neuen Einteilung wurde der mobile Etat des prov. Grenadier-Regiment und der 3 Linien-Regimenter zu je 2225 Mann (in 3 Bataillonen), der beiden leichten Regimenter zu je 1478 Mann (in 2 Bataillonen) und des Jäger-Bataillon zu 683 Mann festgesetzt.

Die beim prov. Grenadier-Regiment durch den gegenüber der Formierung vom 29.10. verminderten Etat überzähligen rund 500 Mann sollten dem 2.Grenadier-Bataillon überwiesen werden. Nach Auswahl der grenadiermäßigen Mannschaft war die verbleibende Mannschaft dem 1.prov. Linien-Regiment zu überweisen[19]. Dieser Schritt wurde u.a. deshalb notwendig, weil der Stamm des 2.Grenadier-Bataillons aus Musketieren (Bataillon König) bestand.

Die Ende November/Anfang Dezember stattgefundene Formierung der beiden leichten Regimenter (zu je 2 Bataillonen) aus dem provisorischen leichten Regiment und dem Jäger-Bataillon aus dem Jägerkorps wurde für diese Truppenteile als bereits am 01.11.1813 stattgefunden angeordnet[20].

---

soll den 10ten April, wahrscheinlich auch ganz complett, aus Döbeln abmarschiren .." Im gleichen Schreiben teilt Ryssel auch seine Erkenntnisse hinsichtlich der aus russischer Gefangenschaft zurück erwarteten aber ausbleibenden Mannschaft an: „von einem von der deutschen Legion entlassenen Unteroffizier haben wir erfahren, daß sich bei dieser und der Hanseatischen Legion mehrere tausend Sachsen, auch Offiziers, befinden sollen, besonders besteht das 7te Bataillon der deutschen Legion ganz aus Sachsen. Dadurch erklärt es sich, daß so wenig Sachsen aus der Gefangenschaft hier eingetroffen sind, welches wohl die Complettierung des 3ten prov. Regiments etwas verzögern wird." „Von denen Gefangenen die man in Tampow glaubte, die aber in Siews gewesen, sind schon mehrere Offiziere eingetroffen, die übrigen kommen noch mit dem Transport. Leider kommen aber nur noch mit diesem Transport 120 Unteroffiziers und Gemeine von allen Waffenarten. Dadurch wird die Complettirung des 3ten Bataillons vom 3ten provis. Linien-Infanterie-Regiment und der Ersatz dessen, was noch der Infanterie am completen Stand fehlt, wohl bis Ende April verzögert werden."

[18] Der Bestand des Regiments betrug zum 30.01.1814 ganze 53 Mann, die neben den Offizieren noch aus 5 Chirurgen und 3 Mannschaften bestanden. An Zuwachs erhielt das Regiment im Februar 1814 442 Mann und im März 1.148 Mann. Im April 1814 fehlten am Bestand: 4.Kpn. 1 Corporal; 7. + 8.Kpn. je 1 Chirurg; 9.Kpn. 1 Sousleutnant, 1 Chirurg, 36 Mann; 10.Kpn. 1 Chirurg, 40 Mann; 11.Kpn. 1 Sergeant, 1 Fourier, 1 Chirurg, 1 Tambour, 39 Mann; 12.Kpn. 1 Sergeant, 1 Chirurg, 1 Corporal, 38 Mann.

[19] „Zur Herstellung der Grenadiers Bataillons nach dem neuen gegen den älteren verminderten Formirungs Etat soll die Leib Garde und das 3.Grenad: Bataillon alle überzählige Mannschaft an das 2.Grenadier Bataillon abgeben. Dieses 2.Grenadier Bataillon wird dadurch gegen 500 überzählige Mann erhalten, die es, nachdem die Grenadiermäßige Mannschaft dem Bataillon einverleibt worden, dem 1.provisorischen Linien Infant: Regiment überläßt. Was die etwa erhöhte Löhnung der abzugebenden Mannschaften betrifft, so kann bei dieser Versetzung darauf keine Rücksicht genommen werden, indeßen wollen Ew: Hochwohlgeb: darauf Bedacht nehmen, daß Mannschaften von dem Bataillon Leib Garde, und von dem 3.Grenadier Bataillon nicht anders, als in erhöhten Chargen zu der Linien Infanterie übertreten." Thielmann an Ryssel 21.12.1813

[20] „Um die durch das mehrmalige Formiren in dem Rechnungs Wesen etwa vorfallende Weitläufigkeit zu vermeiden, soll das Jäger Bataillon schon vom 1^n November 1813 an nach dem neuen Etat in die Verpflegung treten. Es sollen ferner die beiden leichten Regimenter vom 1^n

Interessant ist der Umstand, dass aktenseitig vom 28.11. – 07.12.1813 ein Jäger-Regiment[21] auftaucht. Evtl. bestand die Absicht, nur ein leichtes Regiment zu 3 Bataillonen aufzustellen und dazu ein Jäger-Regiment mit 2 Bataillonen, was gesamt 5 Bataillone ergibt. Letztendlich hat man sich aber für 4 leichte Bataillone und nur 1 Jäger-Bataillon entschieden.

2.2 Die Organisation vom 01./13.12.1813

Die am 01.12. verkündete und am 13.12.1813 durchgeführte Neuorganisation befahl folgende Etats:

Ein **Linien-Infanterie-Regiment** zu 3 Bataillonen:

<u>1 Stab mit insgesamt 41 Mann</u>

1 Oberst	1 Stabsfourier
1 Oberstleutnant	3 Fahnenjunker
2 Majors	1 Rgt.s-Tambour
3 Adjutanten	2 Btl.s-Tambours
1 Rgt.s-Quartiermeister	8 Hautboisten 1.Klasse
1 Rgt.s-Chirurg	12 Hautboisten 2.Klasse
2 Btl.s-Chirurgen	3 Büchsenmacher und -schäfter

<u>12 Kompanien mit insgesamt 2.184 Mann</u>

6 Capitaines 1.Klasse	12 Fouriers
6 Capitaines 2.Klasse	12 Chirurgen
12 Premierleutnants	96 Korporals
24 Sousleutnants	36 Tambours
12 Feldwebel	24 Zimmerleute
24 Sergeanten	1908 Gemeine

Der Feld-Gesamtetat betrug 2.225 Mann.

Das Depot war mit 5 Offizieren und 240 Mann festgesetzt[22].

Ein **leichtes Infanterie-Regiment** zu 2 Bataillonen:

<u>1 Stab mit insgesamt 14 Mann</u>

1 Oberst	1 Rgt.s-Chirurg
1 Oberstleutnant	1 Btl.s-Chirurg

November an als schon getrennt, und gar nicht als in ein Regiment zusammengezogen betrachtet werden." Thielmann an Ryssel am 21.12.1813

[21] Löhnungsliste 1.Bataillon Jäger-Regiment, Leipzig 28.11.1813 und Löhnungsliste 2.Jäger-Bataillon vom 07.12.1813 (Bestand 11 289 No. 148), die die Löhnung zweier unterschiedlicher Teile der Truppe (einmal 8 Offiziere und 318 Mann unter Major v.Jeschki und einmal 4 Offiziere und 231 Mann unter Capitain Zychlinski) gibt. Eine nichtdatierte Offiziersanstellungsliste (Bestand 11 343 No. 254) wohl aus dem November 1813 gibt gleichfalls ein „prov. Jäger-Regiment".

[22] Details haben sich in den Akten nicht auffinden lassen.

2 Majors
2 Adjutanten
1 Rgt.s-Quartiermeister

1 Stabsfourier
2 Stabshornisten
2 Büchsenmacher

<u>8 Kompanien mit insgesamt 1.464 Mann</u>

4 Capitaines 1.Klasse
4 Capitaines 2.Klasse
8 Premierleutnants
16 Sousleutnants
8 Feldwebel
16 Sergeanten
8 Fouriers

8 Chirurgen
64 Korporals
24 Hornisten
8 Tambours
16 Zimmerleute
1280 Schützen

Der Feld-Gesamtetat betrug 1.478 Mann.

<u>1 Depot mit insgesamt 166 Mann:</u>

1 Capitain
1 Premierleutnant
2 Sousleutnants
1 Feldwebel
2 Sergeanten
2 Fouriers

1 Chirurg
8 Korporals
3 Hornisten
1 Zimmermann
144 Schützen

Ein Jäger-Bataillon:

<u>1 Stab mit insgesamt 15 Mann</u>

1 Kommandant
1 Major
1 Adjutant
1 Rgts.-Quartiermeister

1 Btl.s-Chirurg
1 Stabs-Fourier
8 Waldhornisten
1 Büchsenmacher

<u>4 Kompanien mit insgesamt 668 Mann</u>

2 Capitaines 1.Klasse
2 Capitaines 2.Klasse
4 Premierleutnants
8 Sousleutnants
4 Feldwebel
8 Sergeanten
4 Fouriers

4 Chirurgen
32 Oberjäger
12 Hornisten
8 Zimmerleute
120 Jäger
460 Scharfschützen

<u>1 Depot mit insgesamt 48 Mann</u>

1 Premierleutnants
1 Sousleutnant
1 Feldwebel
1 Fourier
1 Chirurg

3 Oberjäger
2 Hornisten
8 Jäger
20 Scharfschützen

2.3 Die Stärkeentwicklung

Die nach der Völkerschlacht zur Sicherung von Leipzig und später bei der Belagerung von Torgau verwendeten sächsischen Truppen gingen am 14.11.1813 von Torgau nach Merseburg ab, um sich dort der notwendigen Neuformierung zu unterziehen. Bereits ab dem 01.12. ging der marschfertige Teil[23] zur Nordarmee ab. Der Ausmarsch wurde aber am 12.12. im Thüringischen unterbrochen und in Querfurt Quartier bezogen, da die sächsischen Truppen nun zum III. deutschen Armeekorps unter den Befehlen des Herzogs von Sachsen-Weimar bestimmt waren. Die gewonnene Zeit wurde genutzt, um die Truppen zu vervollständigen.

Am 02.01.1814 brachen von Querfurt auf:

I.-III. Bataillon vom prov. Grenadier-Regiment

II.+III. Bataillon vom 1. prov. Linien-Regiments

II.+III. Bataillon vom 2. prov. Linien-Regiment

I.+II. Bataillon vom 1. leichten Regiment

II. Bataillon vom 2. leichten Regiment[24]

Jäger-Bataillon

Unterdessen wurde in Sachsen an der Komplettierung der Truppen gearbeitet, was für die Infanterie nicht nur wegen des hohen Krankenstandes besonders schwierig war. Die neben der Heeres-Infanterie noch aufzustellenden 22 Bataillone Landwehr-Infanterie zu je 830 Mann waren nicht nur im Hinblick auf die Rekruten sondern auch im Bezug auf die Ausrüstung deutlichst spürbar.

Die erste Kolonne der Verstärkung – und mit dieser das I. Bataillon des 2.prov. Linienregiments[25] – traf am 12.03.1814 in Brüssel ein. Am 25.03. folgte mit der

---

[23] Die 3 Bataillone Grenadiere, die 3. Bataillone des 1. + 2. prov. Linien-Regiments und je 1 Bataillon des 1. + 2.leichten Regiments sowie das Jäger-Bataillon

[24] Die Bezeichnungen gehen in dieser Zeit recht oft durcheinander. So weist der Bestandsrapport des Gmj. Brause vom 10.01.1814 aus Merseburg das II. Bataillon des 2. Leichten Regiments aus.

[25] Die Kolonne sollte bestehen in 508 Mann Ersatz fürs 1. Leichte, 139 fürs 2. Leichte und 269 fürs Jäger-Bataillon; 1 Bataillon Linien-Infanterie von 736 Mann sowie 184 Mann Ersatz fürs 1. prov. und 144 fürs 2. prov. Regiment. Thielmann an Ryssel 24.01.1814 / „Der Ersatz der Jäger, des 1^n und 2^n leichten Infanterie-Rgt.s formirt 1 Marsch-Btl. unter dem Major v.Sperl. ... Das 1te Bataillon des 2^n Linien-Rgt.s ist vollständig aus dem 1^n Linien-Rgt. ergänzt und hat im ganzen nur 60 Kranke so ihm abgehen...Die Linien-Infanterie zu complettiren ist mir nicht schwer geworden; mit der leichten Infanterie habe ich es aber nicht zwingen können, ob ich gleich das bereits angelegte Bataillon des 2^n Regiments ganz zerißen habe und dasselbe außer Kranken nur noch in Offiziers und Unteroffiziers besteht. Demohngeachtet fehlen zum Ersatz des 1^n leichten Rgt.s noch 79 Schützen. Aus der Linie kann ich aber für die Schützen nichts nehmen, denn das 1te Rgt. hat seine gesunden Leute ans 2te Rgt. abgegeben und aus letzteren kann ich sie nicht nehmen, weil dasselbe sonst mit der Equipierung nicht zu Rande kommt. Vielleicht treffen noch Mannschaften ein, so ich an die Schützen theilen kann, und ist das nicht der Fall und sollten sie nicht complett werden, so schlage ich ganz gehorsamst vor 1 Offizier zurückzulassen, welcher den Rest formirt und nachbringt. Es kann damit ein nachzusendender Transport bedeckt werden." Brause an Thielmann am 26.01.1814

2.Kolonne[26] das I. Bataillon des 1.prov. Regiments. Mitte April traf die 3.Kolonne bei der Armee in Belgien ein. Bei dieser befanden sich das I. Bataillon des 3.prov. Linien-Regiments und das I. Bataillon des 2.leichten Regiments.

Im Nachfolgenden wird die Stärkeentwicklung an Hand der Effektivstärken (Stärke vor kommandiert, Urlaub, blessiert, krank, Arrest) und der präsenten Stärken[27] (Stärke nach kommandiert, Urlaub, blessiert, krank, Arrest) aufgeführt.

Grenadier-Bataillone
Die Sollstärke eines Bataillons zu 4 Kompanien betrug 728 Mann, die des Stabes 6 Mann.

mobiles 2.Grenadier-Bataillon
präsente Stärke

	03.01.14	08.02.14	10.03.14	25.03.14	20.04.14
1. – 4.Kpn	712	676	646	646	617

Das aus dem übergegangenen Bataillon König formierte Grenadier-Bataillon hatte am 26.10.1813 567[28] (Effektivstärke) bzw. 546 (präsente Stärke) Mann.

mobiles 3.Grenadier-Bataillon

Effektivstärke

	31.10.13[29]	30.11.13	31.12.13	31.05.15
Stab		6	6	6
1. – 4.Kpn.		577	733	680

präsente Stärke

	03.01.14	08.02.14	10.03.14	25.03.14	20.04.14
1. – 4.Kpn	672	660	683	703	637

Linien-Regimenter
Die Sollstärke eines Bataillons zu 4 Kompanien betrug 728 Mann, die des Stabes 41 Mann.

---

[26] Diese Kolonne bestand an Infanterie aus 930 Ersatzmannschaften der leichten und 350 Ersatzmannschaften der Linien-Infanterie sowie dem I. Bataillon des 1. prov. Regiments (732 Mann).
[27] Die Quellen sind Effektivstärke Monatslisten, präsente Stärke Bucher; weitere Zahlenangaben sind aus den verschiedenen Akten entnommen.
[28] 2 Majors, 1 Adjutant, 1 Rgt.s-Quartiermeister, 1 Stabsfourier, 4 Capitäns, 2 Prem.- und 5 Sousltn., 4 Feldwebel, 5 Sergeanten, 1 Chirurg, 4 Fouriers, 23 Korporals, 19 Gefreite, 8 Tambours, 3 Zimmerleute und 489 Gemeine. (noch als 1.Bataillon der Sächsischen Legion aufgeführt). Davon waren 1 Major, 1 Capitain und 1 Sousleutnant kommandiert; unbewaffnet 45 Mann sowie 1 Capitain, 1 Rgt.s-Quartiermeister und 16 Mann krank.
[29] Keine Zahlen vorhanden

mobiles 1.Linien-Regiment

Effektivstärke

	31.10.13	30.11.13	31.03.14	31.05.15[30]
Stab	36	37	41	
1. – 4.Kpn.	139	187	516	
5. – 8.Kpn.	302	618	568	
9. – 12.Kpn.	658	721	722	

präsente Stärke

	03.01.14	08.02.14	10.03.14	25.03.14	20.04.14
1. – 4.Kpn				522	492
5. – 8.Kpn	501	473	517	517	490
9. – 12.Kpn	683	645	657	641	565

Aus dem Depot zu Merseburg wurden am 01.01.1814 für das II. Bataillon 284 Mann[31] Ersatz in Marsch gesetzt. Das noch in Merseburg verbleibende I. Bataillon verfügte am 01.01. über 575 (Effektivstärke) bzw. 266 (präsente Stärke) Mann und am 10.01. über 789 (Effektivstärke) bzw. 244 (präsente Stärke) Mann.

mobiles 2.Linien-Regiment

Effektivstärke

	31.10.13	30.11.13	31.03.14	31.05.15[32]
Stab	41	40		
1. – 4.Kpn.	722	716		
5. – 8.Kpn.	692	657		
9. – 12.Kpn.	587	681		

präsente Stärke

	03.01.14	08.02.14	10.03.14	25.03.14	20.04.14
1. – 4.Kpn			533	533	534
5. – 8.Kpn	598	529	529	529	570
9. – 12.Kpn	592	571	569	562	594

Aus dem Depot zu Merseburg wurden am 01.01.1814 für das II. Bataillon 443 Mann[33] Ersatz in Marsch gesetzt. Das noch in Merseburg verbleibende I.Bataillon

---

[30] Keine Zahlen vorhanden

[31] 2 Majors (Eychelberg, Rex), 1 Adjutant (Martini), 1 Fahnjunker, 1 Btl.s-Tambour, 2 Capitäns (Mosel, Dachröden), 1 Prem.ltn. (Selmnitz), 6 Sousltn. (Müller, Heyde, Linsingen, Simon, Kämpfe, Witzleben), 4 Feldwebel, 8 Unteroffiziere als Sergeanten, 3 Fouriers, 2 Chirurgen, 16 Korporals, 6 Tambours, 8 Zimmerleute, 223 Gemeine.

[32] Keine Zahlen vorhanden

verfügte am 01.01. über 887 (Effektivstärke) bzw. 601 (präsente Stärke) Mann und am 10.01. über 1.071[34] (Effektivstärke[35]) bzw. 633 (präsente Stärke) Mann.

mobiles 3.Linien-Regiment[36]

Effektivstärke

	31.12.13	28.02.14	31.03.14	31.04.14
Stab	5	22	26	38
Regiment	48	472	1564	2018

Leichte Regimenter

Die Sollstärke eines Bataillons zu 4 Kompanien betrug 732 Mann, die des Stabes 14 Mann.

mobiles 1.leichtes Regiment

Effektivstärke

	31.10.13	30.11.13	31.01.14	31.05.15
Stab		12	12	12
1. – 4.Kpn.		536	536	716
5. – 8.Kpn.		541	539	721

---

[33] 1 OSL (Major v.Brand), 1 Major (Lenz), 1 Adjutant (Klengel), 1 Btl.s-Chirurg, 1 Fahnjunker; 1 Btl.stambour, 2 Capitäns (Brück, Glaßer), 2 Prem.ltn. (Larisch, Keßler), 5 Sousltn. (Brzesky, Witzleben, Höck, Sternstein, Ampach), 4 Feldwebel, 8 Sergeanten, 4 Fouriers, 24 Korporals, 8 Tambours, 6 Zimmerleute, 344 Gemeine.

[34] Den in Merseburg stehenden Bataillonen waren alle vorerst nicht Diensttauglichen zugeteilt worden. So führten allein I./1.prov. 315 und I./2.prov. 406 Kranke in den Listen.

[35] Interessanterweise unterschieden sich die Sollstärken der in Merseburg stehenden I.Bataillone des 1. und 2.prov. Regiments voneinander:
I./1.prov.: 1 Oberst, 1 Major, 1 Adjutant, 1 Btl.s-Chirurg, 1 Fahnjunker, 1 Rgt.s-Tambour, 8 Hautboisten 1.Klasse und 12 2.Klasse, 2 Büchsenmacher, 4 Capitaines, 4 Premier- und 8 Sousleutnant, 4 Feldwebel, 8 Sergeanten, 4 Fouriers, 6 Chirurgen, 35 Korporals, 18 Tambours, 14 Zimmerleute, 810 Gemeine.
I./2.prov.: 1 Oberst, 1 Major, 1 Adjutant, 1 Rgt.s-Quartiermeister, 1 Rgt.s-Chirurg, 1 Stabsfourier, 1 Btl.s-Tambour, 2 Büchsenmacher, 4 Capitaines, 4 Premier- und 8 Sousleutnant, 4 Feldwebel, 8 Sergeanten, 4 Fouriers, 5 Chirurgen, 32 Korporals, 16 Tambours, 10 Zimmerleute, 882 Gemeine.
Dies kann daran liegen, dass in der Sollstärke des Bataillons zusätzliche Mannschaften geführt werden, die bei den beiden anderen Bataillonen noch an der Sollstärke fehlen.

[36] „das 2te Linien-Infanterie-Regiment ist bereits an Unteroffiziers und Gemeinen überzählig, weshalb ich unmaßgeblich ganz gehorsamst vorschlage, den Stamm des zu formirenden 3ten Linien-Infanterie-Regiments anzulegen ... Sollten Ew. Excellenz meinen ... Vorschlag genehmigen, so müßte ich Hochdieselben ... ersuchen, einige von den zum 3ten Regiment getheilten und bereits vorhandenen Offiziers mir zuzusenden ..." Brause an Thielmann 10.01.1814

präsente Stärke

	03.01.14	08.02.14	10.03.14	25.03.14	20.04.14
1. – 4.Kpn	448	464	590	590	584
5. – 8.Kpn	444	458	590	590	582

Aus dem Depot zu Merseburg wurden am 01.01.1814 für das II. Bataillon 284 Mann[37] Ersatz in Marsch gesetzt. Das noch in Merseburg verbleibende I. Bataillon verfügte über 384 (Effektivstärke) bzw. 310 (präsente Stärke) Mann.

mobiles 2. leichtes Regiment

Effektivstärke

	31.10.13	30.11.13	31.03.14	31.05.15
Stab	12	12	13	13
1. – 4.Kpn.	103	145	728	714
5. – 8.Kpn.	525	587	731	716

präsente Stärke

	03.01.14	08.02.14	10.03.14	25.03.14	20.04.14
1. – 4.Kpn					634
5. – 8.Kpn	535	547	667	667	620

mobiles Jäger-Bataillon

Die Sollstärke des Bataillons zu 4 Kompanie betrug 668 und die des Stabes 15 Mann.

Effektivstärke

	31.10.13	30.11.13	31.03.14	31.05.15
Stab	14	15	15	14
1. – 4.Kpn.	575	626	647	634

präsente Stärke

	03.01.14	08.02.14	10.03.14	25.03.14	20.04.14
1. – 4.Kpn	406	370	553	553	540

Der am 01.01.1814 noch in Merseburg stehende Teil des Bataillons bestand am 01.01. aus 192 (Effektivstärke) bzw. 126 (präsente Stärke) Mann und am 10.01. aus 203[38] (Effektivstärke) bzw. 141 (präsente Stärke) Mann.

---

[37] 1 Major (Beeren), 1 Capitän (Gablenz), 1 Prem.ltn. (Holzendorff), 5 Sousltn. (Freyer, Kellner, Kunz, Schlevoigt, Kändler), 3 Feldwebel, 1 Sergeanten, 3 Fouriers, 15 Korporals, 2 Hornisten, 3 Tambours, 2 Zimmerleute, 255 Gemeine.

[38] darunter 52 Kranke

Für die **Infanterie-Depots** wurden 24.04.1814 als Standorte festgelegt:

Grenadier-Regiment	1. Bataillon	11 Offz.	359 Mann	Dresden
	2. Bataillon	3 Offz.	81 Mann	Großenhain
	3. Bataillon	3 Offz.	81 Mann	Großenhain
1. prov. Regiment		5 Offz.	240 Mann	Königstein
2. prov. Regiment		5 Offz.	240 Mann	Zittau
3. prov. Regiment		5 Offz.	240 Mann	Oschatz[39]
1. leichtes Regiment		4 Offz.	160 Mann	Leipzig
2. leichtes Regiment		4 Offz.	160 Mann	Leipzig
Jäger-Bataillon		5 Offz.	240 Mann	Leipzig

Am 11.04.1815 wurde durch das Gouvernement eine Bekanntmachung veröffentlicht, wonach der preußische König im gesamten preußischen Königreich zur Bildung **freiwilliger Jägerabteilungen** aufforderte. Für Sachsen hatten sich die Freiwilligen in Dresden beim General-Gouvernement zu melden und zwar dort beim Obersten von Miltitz.

2.4   Die Teilung der Armee und Neuformation vom Juli 1815

Friedrich Wilhelm III befahl bereits am **22.04.1815** dem Feldmarschall Blücher die Teilung des sächsischen Truppen in eine preußische (1.Brigade unter Kommando des preußischen Generalmajors von Steinmetz) und eine sächsische (2.Brigade unter Kommando des sächsischen Obersten von Leyser) Brigade.

Die Infanterie wurde auf diese Brigaden wie folgt verteilt:

1.Brigade
das 2. Linien-Regiment
das 3. Linien-Regiment
das 1. leichte Regiment
die 1., 2. und die preußische Jäger-Kompanie vom Jäger-Bataillon

2.Brigade
das Grenadier-Regiment
das 1. Linien-Regiment
das 2. leichte Regiment
die 3. und 4. Kompanie des Jäger-Bataillons

Dazu gab es folgende Detailanordnungen:

An das 2.Linien-Regiment waren die neupreußischen Mannschaften (vom Feldwebel abwärts) des Grenadier-Regiments[40] zu überweisen. Die sächsische Mannschaft des 2.Linien-Regiments war an das Grenadier-Regiment abzugeben.

---

[39] Nach Abmarsch des Regiments sollte die Verlegung nach Bautzen erfolgen.

Zum III.Bataillon des 3.Linien-Regiments waren die neupreußischen Mannschaften des 1.Linien-Regiments zu überweisen. Die sächsische Mannschaft des 3.Linien-Regiments war an das 1.Linien-Regiment abzugeben.

Zum 1.leichten Regiment sollte die neupreußische Mannschaft des 2. Leichten Regiments stoßen, welches seine sächsische Mannschaft an das 2. Leichte abgab.

Die 1. und 2. Jäger-Kompanie erhielt die neupreußische Mannschaft der 3. und 4.Kompanie und gab dafür die sächsische Mannschaft an diese ab. Die 381 an das Jägerbataillon abgegebenen Infanteristen der deutschen Legion werden ebenfalls nach den Geburtsorten verteilt.

Insgesamt verblieben Sachsen 7.968 Mann, 6.807 Mann wurden an Preußen abgegeben.

Die unter diesen Verhältnissen notwendige neue Formierung der Infanterie wurde am **07.07.1815** mit Wirkung zum **01.08.1815** vollzogen.

Das aufgelöste Banner freiwilliger Sachsen wurde über die Armee verteilt und auch die Landwehr zur Komplettierung der Infanterie herangezogen.

Danach bestand die Infanterie aus

dem Leibgrenadier-Regiment (I.Bataillon Garde, II.Bataillon Leibgrenadiere[41]) mit insgesamt 8 Kompanien und einem Stab zu gesamt 1.536 Mann.

3 Linien-Regimentern (1te Prinz Anton, 2te Prinz Maximilian, 3te Prinz Friedrich August) bestehend aus je 1 Linien-Infanterie-Regiment mit einem Stab und 8 Kompanien zu insgesamt 1.500 Mann und einem Landwehr-Bataillon mit einem Stab und 4 Kompanien zu insgesamt 738 Mann.

2 Schützen-Bataillonen (1tes und 2tes) mit je einem Stab und 4 Kompanien zu insgesamt 751 Mann.

einem Jäger-Bataillon mit einem Stab und 4 Kompanien zu insgesamt 602 Mann.

Dazu kamen noch ein Landwehr-Reserve Regiment mit einem Stab und 12 Kompanien zu insgesamt 2.216 Mann, ein Linien-Depot-Bataillon und ein Landwehr-Depot-Bataillon mit je einem Stab und 4 Kompanien zu insgesamt 750 Mann.

Die Gesamtstärke der Infanterie betrug damit 8.890 Mann, incl. stehender Landwehr 14.070 Mann.

---

[40] Für das ehem. III. Grenadier-Bataillon erfolgte die Teilung am 10.06.1815. Es verblieben beim sächsischen Teil 31 Unteroffiziere, 180 Grenadiere und 372 Musketiere. Neupreußisch wurden 14 Unteroffiziere und 169 Grenadiere. (Vollborn IV) / (Die am 15.05.1815 erhaltenen 372 Musketiere der russisch-deutschen Legion waren scheinbar schon unter der Prämisse Geburtsort ausgewählt worden).

[41] Die Reste des II. und III. Grenadier-Bataillons

2.5 Sonstiges

2.5.1 Die Mannschaftsgröße

Bereits 1813 wurde die Regel eingeführt, dass vom Land gestellte Rekruten durchaus unter 69 Zoll (1,63m) sein können. 1814 wurde diese Regel weitergeführt und anbefohlen, dass sonst diensttaugliche Rekruten auch mit 67 Zoll (1,58m) anzunehmen sind[42].

2.5.2 Die Offiziersburschen

Nach der Verordnung vom **07.05.1815** stand jedem Bataillonskommandanten, jedem Adjutanten und jedem Regiments-Chirurgen ein Mann zur Abwartung der Pferde als Ordonnanz zu, die aber keine Kombattanten sein durften.

Jedem Kapitän stand ein Soldat aus der Kompanie als Bursche zu. Dieser hatte die Uniform des Regiments aber weder Gewehr noch Patronentasche zu tragen.

Jedem Leutnant und Bataillons-Chirurgen stand 1 Mann zur Bedienung zu. Allerdings mussten diese Leute stets vollständig bekleidet und bewaffnet in der Kompanie marschieren und allen Gefechten beiwohnen. Von dem übrigen Dienst konnten sie so weit als möglich verschont werden.

Dem Regiments-Kommandeur war es untersagt, Soldaten zu seiner Bedienung und der Abwartung seiner Pferde zu nehmen.

2.5.3 Die Offizierspferde

Die Stabsoffiziere und der Adjutant waren etatmäßig beritten. Den Kapitäns und Leutnants, die das 50.Lebensjahr überschritten hatten, stand eine Ration zur Ausfütterung eines Pferdes zu.

In Anbetracht des Gesundheitszustandes (krankheitsbedingt oder wegen Verwundung nicht marschfähig[43]) bzw. besonderer Ausgaben (Quartiermacher etc.) konnten die kommandierenden Generäle auf Antrag eine Genehmigung zur Gewährung einer Ration erteilen.

---

[42] „Dem Commandanten der Infanterie-Depots wird andurch zur Nachachtung ergebenst eröffnet, daß bey dem iezigen Mangel an brauchbaren Rekruten, die Offiziers, welche zur Uebernahme der von den Central Ausschüßen an das 3te provisorische Regiment und den Train abzugebende Rekruten commandirt sind angewiesen werden müßen, bey sonstiger Brauchbarkeit selbige mit 67 Zollen anzunehmen, da von den Central Ausschüßen Beschwerden eingegangen, daß sie die Rekruten nicht unter 69 Zollen annehmen wollten." Carlowitz (Chef IV.Section Gouvernemets-Rat) an General Mellentin (Chef der Infanterie-Depots) am 27.02.1814

[43] „Im beiliegenden Vortrage bittet der Souslieutenant Kaempfe, des 1sten Linien Infanterie Regiments um die Erlaubnis, Eine Ration zu Ausfütterung eines Pferdes entnehmen zu dürfen, da es ihm wegen erfroren gewesener Füße ohnmöglich ist, große Märsche zu Fuße zu machen …" Brause an Thielmann am 04.04.1814, genehmigt von Thielmann am 07.04.1814.

3. Die Uniformierung

Mit dem Armeebefehl vom **12.11.1813** wurden neu geregelt:

a) die Kokarde – jetzt Grün mit einem schwarz-gelben Rand
b) Portepee und Hutkordons – jetzt silber mit grünen, gelben und schwarzen Streifen
c) die Dienstgradabzeichen der Stabsoffiziere: Diese trugen jetzt alle zwei Fransenepauletts (ähnlich dem ehemals für die Kapitäns) von Gold oder Silber. Fernerhin trugen sie eine Tresse (Gold oder Silber) um den Kragen und um die Ärmelaufschläge. Sie unterschieden sich durch die Anzahl der Tressen auf dem Kragen (Oberst 3, Oberstleutnant 2 und Major 1).
d) die Dienstgradabzeichen der Subalternoffiziere: Diese trugen jetzt zwei Contre-Epauletts nach der bisherigen Facon[44]. Weiter trugen sie Litzen (Gold oder Silber) auf dem Kragen (Kapitän 3, Premierleutnant 2 und Sousleutnant 1)
e) die Uniform der Chirurgen: Sie erhielten schwarzsamtene Kragen und Aufschläge und unterschieden sich durch gestickte Litzen (Silber) auf dem Kragen (Regiments-Chirurg 3, Stabs-Chirurg 2, Ober-Chirurg 1 und Unter-Chirurg keine)
f) die Uniform der Auditeure und Regiments-Quartiermeister: Sie erhielten dunkelblaue Röcke mit dergleichen Kragen und Aufschlägen sowie 3 gestickten Litzen (Auditeur in Gold, Regiments-Quartiermeister in Silber).

Die übrige Uniformierung der Truppen blieb wie bisher.

Der Befehl vom **21.12.1813** präzisierte die Uniformierung folgendermaßen:

Das 2.Grenadier-Bataillon sollte sofort mit Bärenfellmützen[45], Patronentaschen[46] und Säbeln mit Koppel wie die Leib-Grenadier-Garde ausgerüstet werden.

---

[44] Vollborn erwähnt einen „ Befehl … zum Abtrennen der Crepinen aus den Epauletten der Hauptleute u. Subalternoffiziere als eine verpönte französische Abzeichnung."
[45] Ob das Bataillon bzw. die Bataillone die Grenadiermützen bekommen haben, lässt sich nicht zweifelsfrei feststellen. Noch am 23.04.14 fehlen neben „600 Grenadiermützen nach der Probe" auch noch 1.300 rote Federstütze, was eher auf ein Forttragen der Tschakos schließen lässt.
[46] Das Thema Grenadierpatronentaschen für das 2. (und 3.) Grenadier-Bataillon zog sich auch hin. Noch am 23.11.14 fehlten 586 Stück. Beim Haupt-Equipierungs-Depot hatte der Feldintendant (Nostitz) 586 gut konditionierte Patronentaschen mit Granaten und Riemen bestellt. Darauf wurden die aufgekauften Taschen der französischen Garde – in deren Deckeln sich bereits die notwendigen Löcher befanden – an die Truppe geliefert. Nostitz beschwerte sich, indem davon „mehrere Hundert unbrauchbar oder doch wenigstens schlechter als die schlechtesten beim Corps" waren. Die zerlöcherten Deckel seien zwar mit Lederstücken zugemacht, diese fielen aber beim Putzen immer wieder heraus. Die Kästen seien so schlecht, dass sie nur durch die hölzerne Innenlage in Form gehalten würden und nur 2 ½ Dutzend Patronen fasst. Da der Gmj. von Ryssel dies wohl nicht recht zu glauben vermochte, schickte er Nostitz ein Probeexemplar einer gelieferten Patronentasche zum Vergleich. Auch empfahl er Nostitz, den hölzernen Mittelsteg, in den die 6 Patronen zum Aufschütten gesteckt wurden, herausnehmen zu lassen.

Abb. 03 „Die Zusammenkunft der zwei Brüder Cristoph u. Cristian Patzsch im Lager in Frankreich An.1815" (Stadtgeschichtliches Museum Leipzig)

Diese zeitgenössische Abbildung zeigt zwei Infanteristen von 2ten und 3ten prov. Linien-Regiment in der vorschriftsmäßigen Uniform (abgesehen von den fehlenden Tornisterriemen). Beide tragen Seitenwaffen und gelbe Pomponbüschel, was auf Gefreite hinweist. Die rote Rosette am Tschako scheint das Kompaniezeichen zu sein. Die grüne Kokarde steht für die preußische Gouvernementsperiode. Die Leinwandgamaschen sind nicht reglementsmäßig. Interessant ist auch der rote Mündungsschutz.

Das 3. Grenadier-Bataillon sollte später diese Ausrüstung auch erhalten. Diese beiden Grenadier-Bataillone sollten die weiße Montur mit roten Aufschlägen und gelben Knöpfen behalten.

Zukünftig sollten das 1.prov.Linien-Regiment gelbe Doublierung mit weißen Köpfen, das 2.prov.Linien-Regiment hellgrüne Doublierung mit gelben Köpfen und das 3.prov.Linien-Regiment hellblaue Doublierung mit gelben Köpfen führen[47].

Den Offizieren wurde das Tragen von Oberröcken mit den entsprechenden Dienstgradabzeichen gestattet. Bei der leichten Infanterie hatten diese Röcke grün zu sein, bei der Linien-Infanterie grau (wie die Mäntel der Mannschaft)[48].

Die Dienstgradabzeichen der Unteroffiziere bestanden nun in einer schmalen Tresse (Feldwebel) oder Borde (übrige Unteroffiziere) und Litzen (Feldwebel 3, Sergeant 2 und Korporal 1) auf beiden Seiten des Kragens[49].

Mitte Juli 1814 wurden für die Offizieren ein neuer Frackschnitt und weißleinene Pantalons eingeführt.[50]

Am **03.11.1814**[51] wurden die Materialauswürfe für Monturen und Beimonturen neu festgesetzt. Danach wurden gegeben:

<u>Grenadiere und Linieninfanterie</u>

Rock	2 ½ Ellen weißes Tuch	½ Elle farbiges Tuch
	2 ½ Ellen Futterleinwand	11 Paar Heftein u. Schlingen
	1 ½ Dutzend große Knöpfe	⅔ Dutzend kleine Knöpfe

---

[47] Da der Ausmarsch der Truppen aus den Quartieren bereits ab dem 01.01.1814 erfolgte, ist mit großer Wahrscheinlichkeit davon auszugehen, dass die Umstellung auf die neue Doublierung erst im Laufe des Feldzuges 1814 (und hier wohl erst nach Ende der Kämpfe) erfolgte.
Am 22.02.1814 bestand der Bedarf an „etwas feinerem Tuch zu Doublierung" noch in 300 Ellen rotem, 150 Ellen grünem und 100 Ellen gelbem Tuch. Zuvor waren in Belgien bereits mehrere hundert Ellen solchen Tuches requiriert worden. Dennoch hatten die Regimenter noch am 15.03. einen Bedarf an 170 Ellen (wovon z.B. am 06.04. 100 Ellen geliefert wurden) gelbem (1. prov. Rgt.), und 101 Ellen grünem (2. prov. Rgt.) Tuch. Der restliche Tuchbedarf der gesamten Infanterie bestand in 7.107 Ellen grauem, 1.526 Ellen grünem, 3.163 Ellen weißem, 133 Ellen rotem und 872 Ellen schwarzem Tuch. Dazu kamen noch 3.320 Ellen Futterleinwand. Nicht gerechnet ist dabei der Bedarf an Leinwand für 2.369 Pantalons und 2.447 Hemden.
[48] Nach Schuster/Francke (S.369) wurde den Offizieren gestattet, mit Wachstuch überzogene Mützen anstatt der Tschakos zu tragen. In den Akten hat sich dieser Befehl bisher nicht auffinden lassen.
[49] „Die bisherigen Distinctions Zeichen der Unteroffiziere werden nur in Rücksicht der Tressen um den Tschako beibehalten. Die Balken fallen weg, hingegen sollen die Wachtmeister und Feldwebel eine schmale Tresse, die übrigen Unteroffiziere eine schmale Borde um den Kragen tragen. Die Grade zwischen dem Korporal und Feldwebel aber durch Borden Litzen am Kragen unterschieden werden." Thielmann an Ryssel am 21.12.1813
[50] Larisch (08.-15.07.1814) „… Oberst von Seydewitz … machte uns zuletzt mit der Einführung eines neuen Frackschnitts und weißer leinener Pantalons für die Offiziere bekannt."
[51] Schreiben Ryssels an Nostitz (Intendant mobiles Korps), eingegangen am 16.11.1814

Abb. 04   Feldflasche/Kochgeschirr

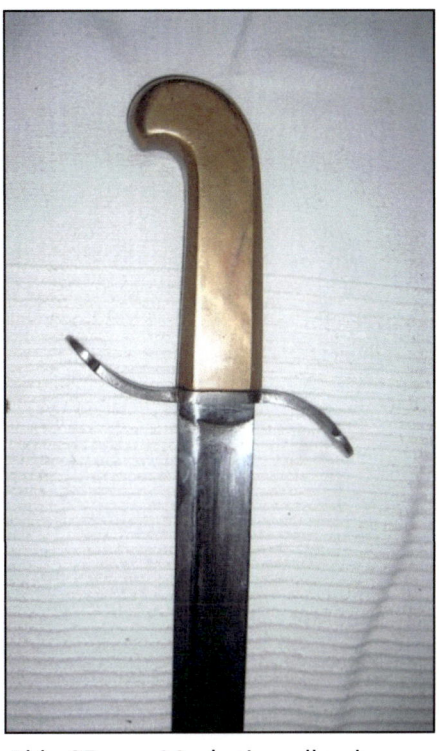

Abb. 05   Musketierpallasch
           M 1808 (Rekonstruktion)

Abb. 06   Dienstgradabzeichen Sergeant nach AKO vom 21.12.1813 (Rekonstr.)

Weste	1 ⁵⁄₈ Ellen weißes Tuch	⅛ Ellen farbiges Tuch
	1 Elle Futterleinwand	3 Paar Hefteln u. Schlingen
	⅚ Dutzend Knöpfe	
Tuchbeinkleider	1 ⅞ Ellen weißes Tuch	½ Elle Futterleinwand
	4 Ellen Leinwandband	⅔ Dutzend bleierne Knöpfe
Tuchmütze	¼ Elle weißes Tuch	¹⁄₁₆ Elle farbiges Tuch
	¼ Elle Futterleinwand	

Leichte Infanterie

Rock	2 ¾ Ellen grünes Tuch	¼ Elle schwarzes Tuch
	⅛ Elle rotes Tuch	
	2 ½ Ellen Futterleinwand	3 Paar Hefteln u. Schlingen
	1 ½ Dutzend große Knöpfe	⅔ Dutzend kleine Knöpfe
Weste	1 ⅝ Ellen grünes Tuch	⅛ Ellen schwarzes Tuch
	1 Elle Futterleinwand	3 Paar Hefteln u. Schlingen
	⅚ Dutzend Knöpfe	
Tuchbeinkleider	1 ⅞ Ellen graues Tuch	½ Elle Futterleinwand
	¹⁄₁₆ Elle rotes Tuch (zum Vorstoß)	
	4 Ellen Zwirnband	⅔ Dutzend bleierne Knöpfe
Tuchmütze	¼ Elle grünes Tuch	¹⁄₁₆ Elle rotes Tuch
	¼ Elle Futterleinwand	

Jäger

Rock	2 ½ Ellen grünes Tuch	½ Elle schwarzes Tuch
	2 ½ Ellen Futterleinwand	11 Paar Hefteln u. Schlingen
	1 ½ Dutzend große Knöpfe	⅔ Dutzend kleine Knöpfe

für alle

Mantel	5 ¼ Ellen graues Tuch	
Tuchgamaschen	½ Elle schwarzes Tuch	½ Elle Futterleinwand
	1 Paar Strippen mit Knöpfen	

Mit der neuen Montierung wurden auch die Beimontierungsgebührnisse für die Unteroffiziere und Mannschaften neu festgesetzt. Es erhielten:

a) der Gemeine	Thlr.	Gr.	Pf.	Haltezeit
1 Hemd	-	17	-	½ Jahr
1 schw.tuchene Halsbinde m. Streifchen	-	3	1	1 Jahr
1 pr. lange weiße Tuchhosen (Linie)	1	20	5	1 Jahr
1 pr. lange graue Tuchhosen (Leichte)	2	5	2	1 Jahr

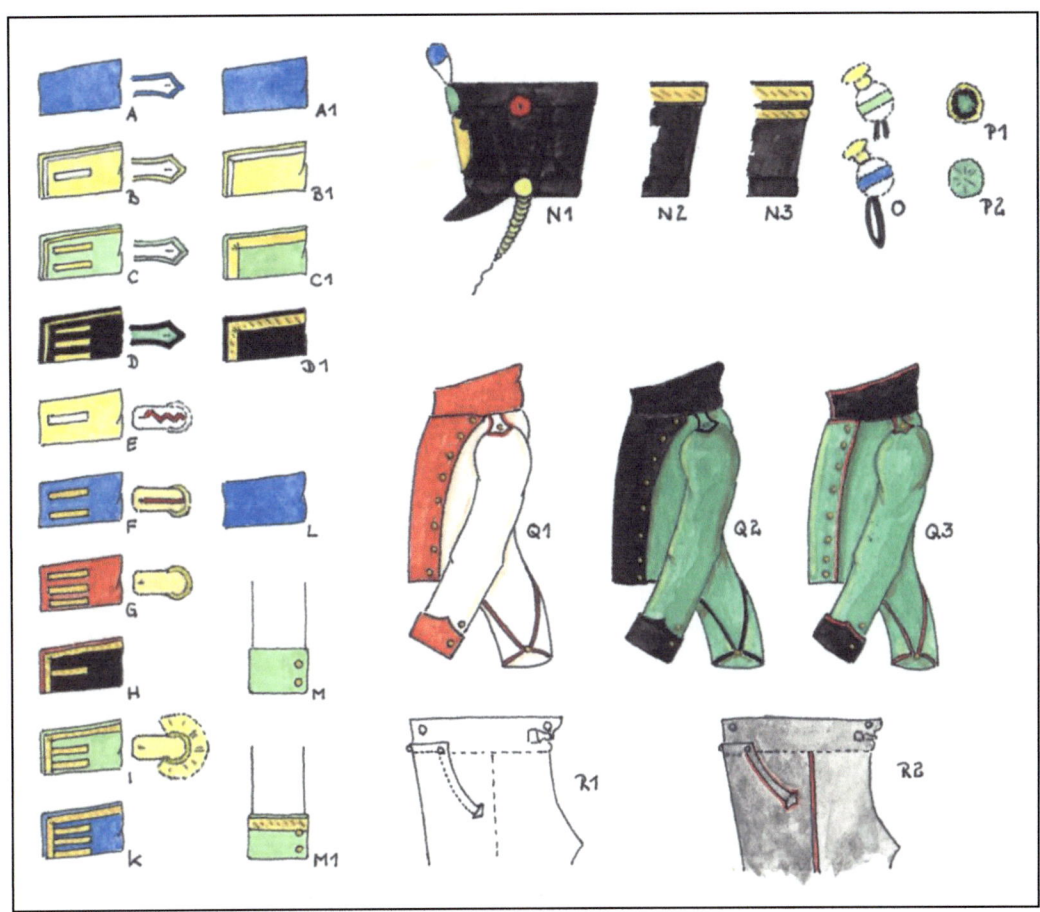

Abb. 07   Uniformdetails

Dienstgradauszeichnung: A/A1 – Gemeiner; B/B1 – Korporal; C/C1 – Sergeant; D/D1 – Feldwebel (A – D gem. Befehl vom 21.12.1813 / A1 – D1 gem. Befehl vom 08.11.1814); E – Sousleutnant; F – Premierleutnant; G – Capitain/Hauptmann; H – Major; I – Oberstleutnant; K – Oberst (E – K gem. Befehl vom 12.11.1813); L – Kragen für Hauptleute und Leutnants gem. Befehl vom 08.11.1814; M – Ärmelaufschlag für Offiziere; M1 – Ärmelaufschlag für Stabsoffiziere vom 12.11.1813 – 08.11.1814

(Das 1.prov. Regiment führte gem. Befehl vom 21.12.1813 weiße Knöpfe und hatte daher Borden- und Litzenbesatz sowie die Epauletts der Offiziere in Silber.)

Tschakos und Zubehör: N1 – Tschako für Mannschaften mit Regimentszeichen (hier 3. prov.) und Kompaniezeichen (rote Rosette); N2 – Bordenbesatz für Korporäle, Fouriers, Fahnjunker und Sergeanten; N3 – Bordenbesatz für Feldwebel.; O – Pompons für das 2. und 3.prov.Regiment (nach Abb. 03, vermutlich für Gefreite und Unteroffiziere); P1 – Kokarde ab 12.11.1813; P2 – Kokarde ab 08.11.1814.

Uniformröcke nach der Vorschrift vom 03.11.1814: Q1 – Linieninfanterie (hier II. und III. Bataillon des prov. Grenadier-Regiments); Q2 – Jägerbataillon; Q3 – leichte Infanterie.

Tuchhosen: R1 – Linieninfanterie; R2 – leichte Infanterie

noch a) der Gemeine	Thlr.	Gr.	Pf.	Haltezeit
1 pr. weiße Leinwand-Pantalons	-	20	-	1 Jahr
1 pr. Schuhe	1	4	-	⅔ Jahr
1 pr. Sohlen + Flecke m. 2 Gr. Aufnähgeld	-	9	6	⅔ Jahr
1 pr. schwarztuchene Gamaschen (Linie)	-	16	6	1 Jahr
1 pr. schwarztuchene Gamaschen (Leichte)	-	16	10	1 Jahr
1 pr. wollene Socken	-	6	6	1 Jahr
1 tuchene Mütze mit farbigem Aufschlag	-	8	10	2 Jahre
1 tuchene Mütze m. farb.Aufschlag (Leich.)	-	9	5	2 Jahre
1 Federstutz (Grenadiere + Leichte)	-	6	-	2 Jahre
1 Regimentszeichen (Musketiere)	-	4	-	2 Jahre
1 Tschakoüberzug	-	8	-	2 Jahre
b) der Unteroffizier zusätzlich				
1 Hemd	-	17	-	1 Jahr
1 pr. lange weiße Tuchhosen (Linie)	1	20	5	2 Jahre
1 pr. lange graue Tuchhosen (Leichte)	2	5	2	2 Jahre
1 pr. weiße Leinwand-Pantalons	-	20	-	2 Jahre
1 pr. Schuhe	1	4	-	2 Jahre
1 pr. Sohlen + Flecke m. 2 Gr. Aufnähgeld	-	9	6	2 Jahre
1 pr. weiße Leinwand-Gamaschen	-	8	6	2 Jahre

Das Beimontirerungsgeld belief sich demnach für einen

Unteroffizier der	jährlich	monatlich
Grenadiere	11 Thlr. – Gr. 8 ½ Pf.	22 Gr. 1 Pf.
Musketiere	10 Thlr. 23 Gr. 8 ½ Pf.	22 Gr.
Schützen	11 Thlr. 14 Gr. 1 ½ Pf.	23 Gr. 2 Pf.
Gemeinen der		
Grenadiere	8 Thlr. – Gr. 6 Pf.	16 Gr.
Musketiere	7 Thlr. 23 Gr. 6 Pf.	15 Gr. 11 Pf.
Schützen	8 Thlr. 9 Gr. 6 ½ Pf.	16 Gr. 10 Pf.

Am **08.11.1814** war das provisorische Gouvernement Sachsens von Rußland auf Preußen übergegangen. Dadurch änderten sich die Dienstgradauszeichnung[52] wie folgt:

<u>Unteroffiziere:</u> Feldwebel eine 1 Zoll (2,4 cm) breite Tresse um den äußeren oberen Rand des Kragens, Serganten und Fouriere eine ½ Zoll (1,2 cm) breite Tresse und die Korporals eine ½ Zoll breite gelbe Borte.

Fahnenjunker wie die Feldwebel, Bataillons-Tambours wie die Sergeanten.

Alle Litzen auf den Kragen hatten wegzufallen.

Feldwebel und Fahnenjunker tragen um den oberen Rand des Tschakos eine

---

[52] Hier entnommen aus der Verordnung vom 07.05.1815 für die Landwehr

Abb. 08   Offiziers-Tschako (Original) – Samtband mit gestickter Rautenkrone

Abb. 09 Schuppenkette

Abb. 10   Offiziers-Tschako - Tschakoschild

Abb. 11   Löwenkopf/Behanghalter

Abb. 12   Kokarde/Feldzeichen

1 Zoll und darunter eine ½ Zoll breite goldene Bandtresse. Sergeanten, Fouriers und Korporals tragen nur eine 1 Zoll breite goldene Bandtresse.

Alle Unteroffiziere tragen zwirnene Portepees, die Feldwebel und Fahnenjunker silberne.

<u>Offiziere:</u> Die Offiziere trugen die Epauletten ihres Dienstgrades.

Die Stabsoffiziere behielten die Auszeichnung auf den Kragen, wie bereits am 08.11.1813 bestimmt, die Litzen auf den Kragen der Kapitäns und Leutnants fielen weg.

Der Regiments-Chirurg führte zwei, der Bataillons-Chirurg 1 Litze auf den Kragen.

Die Kokarde war von nun an grün.

Da die Unteroffiziere und Mannschaften aufgrund des Verpflegungsgeldabzuges von 1 Taler und 8 Groschen nicht mehr in der Lage waren, Geld für weitere Anschaffungen zurückzulegen, wurden am **28.11.14** jedem Unteroffizier und Gemeinen ein Paar Handschuhe als Gratifikation bewilligt. Die Truppenteile mit grünen Röcken erhielten grüne und die mit weißen Röcken weiße Handschuhe, die wie folgt ausgeworfen wurden:

Handschuhe[53] $6/25$ Ellen weißes o. grünes Tuch
          $12/25$ Ellen weißer o. grüner Boy

Mit Beendigung des preußischen Gouvernements und der Neuformierung[54] der sächsischen Armee traten zum **07.07.1815** folgende Veränderungen ein:

Kokarde – nunmehr weiß mit grünem Rand

Portepee und Hutcordons – silber mit grünseidener Füllung oder Mischung

Die Dienstgradauszeichnung änderte sich erneut und war nun folgende:

<u>Stabsoffiziere:</u> Zwei Epauletten mit feinen Bouillons und glatten Bändern. Um den Kragen oberwärts eine schmale Tresse und auf beiden Seiten des Kragen Litzen (Oberst 3, Oberstleutnant 2 und Major 1) von derselben Tresse.

<u>Offiziere:</u> Zwei Epauletten ohne Fransen. Auf beiden Seiten des Kragen Litzen (Hauptmann 3, Premierleutnant 2 und Sousleutnant 1) von Tresse.

<u>Unteroffiziere:</u> Diese trugen eine Tressen um den Kragen unterwärts und auf beiden Seiten des Kragen Bordenlitzen (Feldwebel 3, Sergeant 2 und Korporal 1).

Der Gefreite trug 1 Bordenlitze.

---

[53] Es müssen Fausthandschuhe gewesen sein, da für die Kavallerie explizit Fingerhandschuhe (¼ Elle graues Tuch, ½ Elle Boy) festgelegt werden.
[54] Mit Teilung der Armee war das Aussehen (hier am Bsp. 3.Grenadier-Btl.) wieder buntscheckiger geworden. „ 15^n May 372 Musquet. d. russische-deutschen Legion eingetroffen … 3n August Regiment erhielt heute seine Complettirung an Mannschaften vom aufgelösten Banner…" (Vollborn IV)

4. Die Bewaffnung und Ausrüstung

4.1 Die Bewaffnung

4.1.1 Die Gewehre

Das Thema Gewehre war ein Dauerbrenner bei der sächsischen Infanterie. Diese hatte zu jener Zeit drei sächsische Gewehrmodelle im Einsatz.

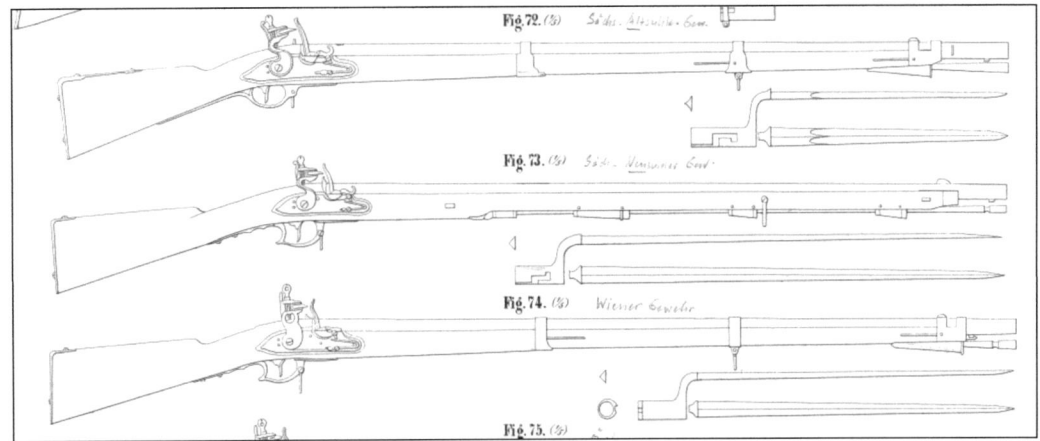

Abb. 13 Sächsische Infanteriegewehre (Fig. 72 Altsuhler, Fig. 73 Neusuhler, Fig. 74 Wiener) (Schön)

Das „Altsuhler" Gewehr M 1778

Gesamtlänge: 1,447 m Gewicht: 4,90 - 5,04 kg
Lauflänge: 1,062 - 1,068 m Kaliber: 17,3 mm
Garnitur: eiserne Bünde, Kappe und Abzugsbügel Messing
Bajonett: 0,448 m, davon Klinge 0,354 m
Zündloch: konisch

Das „Neusuhler" Gewehr M 1807

Gesamtlänge: 1,465 m Gewicht: 3,36 – 3,75 kg
Lauflänge: 1,070 m Kaliber: 16,5 mm
Garnitur: keine Bünde, Kappe und Abzugsbügel Messing
Bajonett: 0,700 m, davon Klinge 0,637 m
Zündloch: konisch

Das Gewehr „Wiener Facon" oder Wiener Gewehr neuer Facon (M 1811)

Gesamtlänge: 1,440 - 1,450 m Gewicht: 4,05 kg
Lauflänge: 1,060 - 1,065 m Kaliber: 16,5 mm
Garnitur: messinge Bünde, Kappe und Abzugsbügel Messing
Bajonett: 0,530 m, davon Klinge 0,472 m
Zündloch: konisch

Die Unteroffiziere müssen ein Unteroffiziersgewehr[55] getragen haben, dass vom Mannschaftsmodell abwich.

Bereits 1811 waren mit dem Waffenhändler Calnot (Wien) Verträge[56] über die Lieferung von 60.000 gebrauchten österreichischen und französischen Gewehren abgeschlossen worden. Von diesen u.a. in Torgau bevorrateten Gewehren der Calnot'schen Lieferungen hat sich jedoch Anfang 1814 nur noch wenig auffinden lassen[57]. Ob die an die Landwehr ausgegebenen österreichischen Gewehre[58] solche der Calnot'schen Lieferungen waren und ob die Linie auch derartige Gewehre erhielt, hat sich nicht feststellen lassen.

Im Juni 1813 waren in Suhl 3.000 Gewehre[59] Wiener Facon mit französischen Kaliber[60] bestellt worden, von denen aber ein hoher Prozentsatz aufgrund offensichtlichster Mängel nicht abgenommen wurde[61].

---

[55] Ob es sich bei diesen Unteroffiziersgewehren um solche nach der Vorschrift vom 08.06.1807 (evtl. Dragonergewehr M 1745/85) oder um Voltigeurgewehre Mle an IX oder um ganz andere Waffen handelt, hat sich nicht ermitteln lassen.

[56] Die Sachsen hatten bei Calnot u.a. 60.000 gebrauchte, aber voll funktionsfähige französische und österreichische Gewehre bestellt (u.a. Gersdorff am 26.05. und 23.08.1811). Diese Gewehre sollten in monatlichen Tranchen zu jeweils 6.000 Stück von Juli 1811 an geliefert werden. Als Calnot jedoch eine über 30%ige Preiszulage (auch auf alle bereits gelieferten Gewehre) sowie eine Abnahme aller gelieferten Gewehre (bisher wurden die fehlerhaften wieder zurückgeschickt) forderte, wurde von sächsischer Seite (15.12.1811) die Annahme der gebrauchten Gewehre ausgesetzt (so dass bis dahin 30 – 36.000 Gewehre wohl nach Sachsen kamen). Ob die Lieferung der gebrauchten Gewehre wieder aufgenommen wurde, ist nicht bekannt.

[57] Gmj. Mellentin berichtet am 14.01.1814 aus Torgau: „Ein großer Theil unserer hier vorhandenen Feuergewehre sind von dem Feind so wie die eigenen verbrannt und vernichtet worden, so daß nur noch einige Hundert vorhanden sind, welche sich jetzt noch im Besitz der königlich Preußischen Commissarien befinden." Diese Gewehre wurden seitens der Preußen in Beschlag genommen: „Was die Gewehre anbelangt, so haben sich, nach der vorläufigen Meldung zu meinem nicht geringen Erstaunen sehr wenige vorgefunden. Es werden daher für die Königl: Sächs: Truppen um so weniger viele erfolgen können, als das ich angewiesen bin, dergleichen Effecten zu den allgemeinen Armirungen zu reserviren, zu welchem Zweck bereits mehrere Anweisungen eingegangen sind." preuß. General Tauentzien an Mellentin am 12.01.1814.

[58] Vieth an den Hptm. v.Sahr (2.Meißner Landwehr-Bataillon) am 03.02.1814: „Gewehre sind beinahe vollzählig, nur noch nicht ganz repariert. Französische Gewehre sind noch kaum für ein halbes Bataillon, Oesterreichische aber für ein ganzes da. Wir sind des gleichen Kalibers wegen der Meynung, Dero Bataillon ganz mit Oesterreichischen Gewehren auszurüsten."

[59] Eigentlich sollten 6.000 Stück bestellt werden. Die die Suhler Meister aber 6 Taler 16 Groschen pro Gewehr forderten, sollten vorerst nur die unbedingt nötigen 3.000 Stück bestellt werden. Gersdorf forderte Boudet am 14.06.1813 auf, alle 6.000 Stück zu bestellen. Den Vertrag sind die Suhler Meister Göllner und Spangenberg eingegangen. (Gersdorf wollte 1.000 Gewehre/Monat mit Bezahlung ½ in bar und ½ in Kassenbillets, die Suhler wollten 400 – 500 Gewehre/Monat bei 100% Barzahlung liefern).

[60] „damit nöthigenfalls französische Infanterie Munition verwendet werden kann." Gersdorf an Boudet am 14.06.1813. In einem Schreiben an den König vom 18.06.1813 begründet Gersdorf die Notwendigkeit der Kaliberänderung damit, dass sich zwar die französische Munition in die als äußerst brauchbar erwiesenen Gewehre Wiener Facon laden ließ, dies aber nur unter Schwierig-

Bei der Reorganisation der Infanterie im Spätherbst 1813 wurde die Musterkarte um Gewehre französischer Herkunft[62] in Form von den Alliierten überlassenen Beutewaffen erweitert.

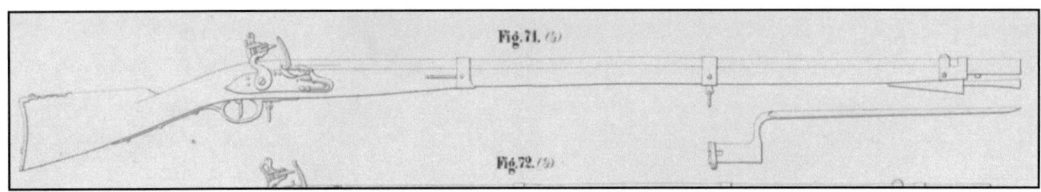

Abb. 14   französisches Infanteriegewehr M1777 (Schön)

Das französische Gewehr M 1777 und M 1777 cor. an IX

Gesamtlänge: 1,52 m   Gewicht: 4,75 kg
Lauflänge: 1,137 m   Kaliber: 17,5 mm
Garnitur: eiserne Bünde und Beschläge, Pfanne Messing
Bajonett: 0,477 m, davon Klinge 0,405 m   Zündloch: zylindrisch

Ende Oktober 1813 wurden 6.000 Gewehre in Suhl bestellt[63].

Die Unteroffiziere führten 16 und die Gemeinen 50 (48) [64] **scharfe Patronen**.[65]

Der Schutz von Mündung und Schloss wurde gesondert anbefohlen[66].

---

keiten (wobei diese Schwierigkeiten nicht im Kaliber sondern in der Fertigungsweise der französische Patronen läge) hin.

[61] In den Hauptzeughausrechnungen hat sich folgender Eintrag finden lassen: „ 375 Stück Infanterieflinten welche am 18.06.1813 bereits schon in Suhl contrahirt gewesen und während der Blockirung von Dresden durch die General-Intendantur im Oct. und Nov. 1813 nach Leipzig bezogen wurden à 6 Thlr, 10 Gr."

[62] „Bei diesen Bestimmungen ist jedoch angenommen worden, daß 1tens) 12712 Stück brauchbare französische Gewehre und zwar 2000 Stück für die Linien Infanterie in Leipzig ... noch abzugeben sind." Thielmann an Repnin am 13.01.1814.

[63] Am 30.10. ordnet Thielmann die Bestellung von 6.000 Gewehren in Suhl und Olbernhau an und verpflichtet sich, für die Anzahlung zu sorgen.

[64] „ ... 5.) Außer dem Flintenstein auf dem Gewehr muß jeder Infanterist zwei dergleichen Steine im Bleifutter, ingleichen 50 Stück Patronen in der Patronentasche haben. Die noch fehlenden Flintensteine und Patronen sind sofort in dem mobilen Artillerie-Park zu faßen. Die größte Sorgfalt auf die gute Erhaltung der Munition wird nochmals ernstlich empfohlen. Die 4 Dutzend Patronen müßen dermaßen nebeneinander sich in der Patronentasche eingesetzt befinden, daß die Kugeln unten zu stehen kommen. Das Einschlagen der Patronen in ein Tuch oder Säckchen darf durchaus nicht unterlaßen werden. Auch müßen die Patronen in der Tasche unverrückbar liegen, und die leeren Räume derselben ausgestopft werden. ..." Tagesbefehl vom 15.01.1814

[65] „Durch die Verabfolgung der nöthigen Munition an die Linien Infanterie als an die Landwehr Bataillons sind die Vorräthe an Artillerie Pulver, nicht allein gänzlich erschöpft, sondern es ist derselbe theils wegen nicht hinlänglicher Arbeiter theils wegen Mangel an Material, außer Stand die dringensten Bedürfniße zur bestimmten Zeit herbeizuschaffen." Großmann an Hoyer 02.02.14

[66] „ ... 6.) Auf jedem Gewehr muß sich ein Pfropf befinden, so wie bei übler Witterung mit größter Sorgfalt darauf zu sehen ist, daß die Gewehrschlößer mit einem Tuche oder Leder umschlagen und dadurch möglichst gegen den Zudrang von Feuchtigkeit geschützt werden." Tagesbefehl vom 15.01.1814

4.1.2 Die Seitengewehre

Bei der Infanterie waren an eigenen Seitenwaffen der Musketierpallasch alter Facon (M1780), der Musketierpallasch neuer Facon (M1808) und der Grenadiersäbel (M1800) in Gebrauch. Lang gediente Unteroffiziere trugen einen Säbel mit Löwenkopfgefäß (ähnlich dem österreichischen Prima-Plana-Säbel M1765.

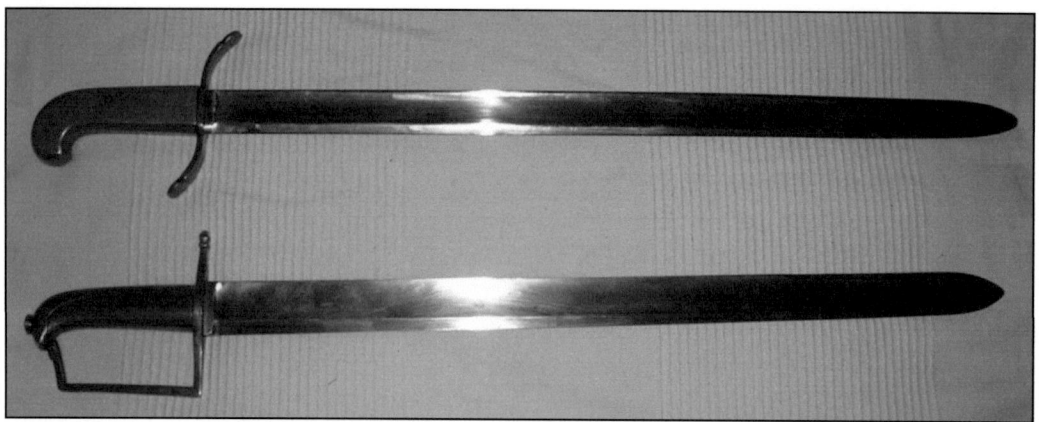

Abb. 15   Musketierpallasche M 1808 und M 1780 (Reko)

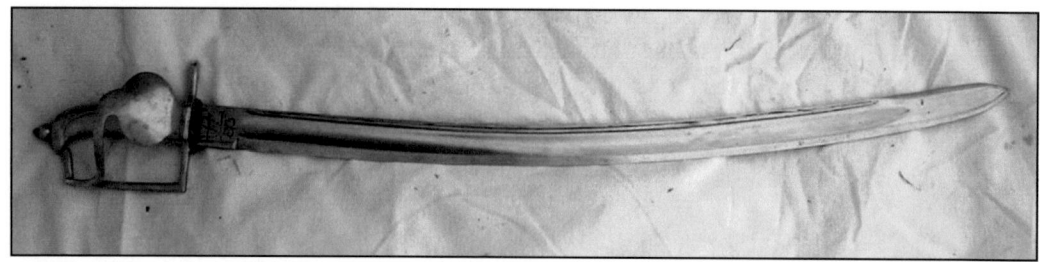

Abb. 16   Grenadiersäbel M 1800 (Reko)

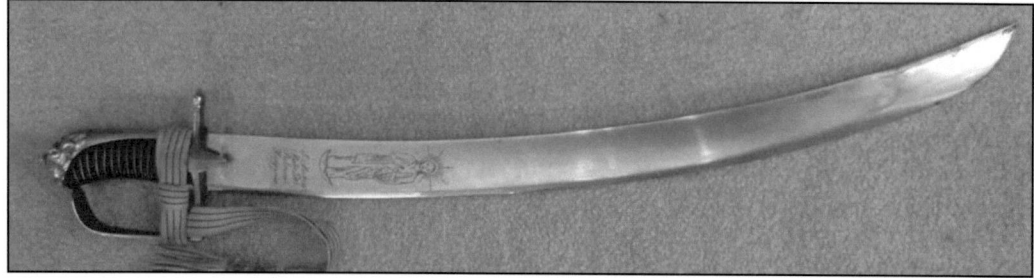

Abb. 17   österreichischer Primaplanasäbel M 1765 (Reko)

Schon bei der Neuausrüstung der Infanterie Anfang 1813 wurden aufgrund der geringen Bestände nur die Unteroffiziere und – sofern noch Seitenwaffen übrig waren – die altgedienten Feldzugteilnehmer mit Seitenwaffen versehen.

Wie schon Ende 1813 bei der Landwehr tauchen auch 1814[67] bei der Linie sogenannte Bajonett-Täschchen auf, also die Halterung für die Aufnahme der Bajonettscheide am Patronentaschenriemen (analog dem bei der französischen

---

[67] sh. die Auslistung der Ausrüstungspreise per November 1814 in Abschnitt 4.2..

Infanterie eingeführten). Die Unteroffiziere (und vermutlich auch die Gefreiten) haben aber weiterhin Seitengewehre getragen.

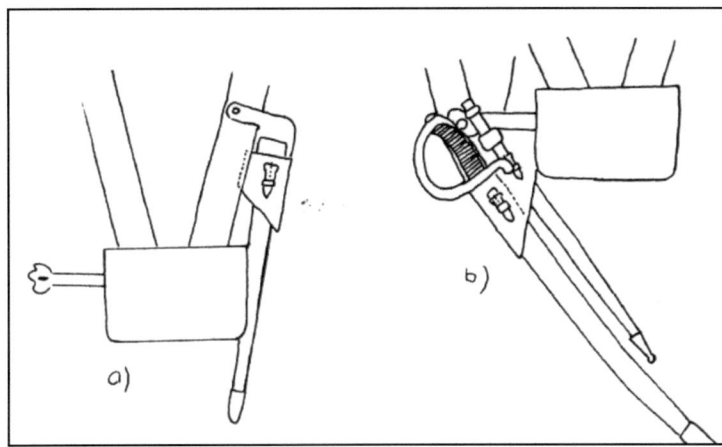

Abb. 18   Bajonett-Täschchen bei der französische Infanterie (Figur a)

4.2   Die Ausrüstung

Die Situation war nicht nur bei der Uniformierung eine äußerst angespannte[68], sondern auch bei der Ausrüstung[69], wie die Eingaben der Truppenteile zeigen. Es fehlten:

<u>2.Grenadier-Bataillon (Anzeige von 21.11.1813)</u>
5 Zimmermannsäxte mit Schuh, 3 Zimmermannsschurzfelle, 623 Grenadier-Säbel, 631 Granaten für Taschen[70], 270 Flintenriemen, 361 Säbelkoppel, 651 Feldflaschen, 89 Feldkessel, 1 Tambourspiel mit Riemen

<u>3.Grenadier-Bataillon (Anzeige vom 21.11.1813)</u>
7 Röcke, 13 Westen, 200 Mäntel, 105 Hemden, 200 pr. Pantalons, 208 pr. Tuchgamaschen, 39 Tuchhosen, 174 pr. Schuhe, 138 pr. Sohlen, 166 pr. Socken,

---

[68] „Nicht soviel Mannschaften als erforderlich gewesen wären, die Zahl der mobilen Bataillons vollzählig zu machen, haben marschiren können, weil es noch an zu vielen Montirungs-Effekten besonders Capots fehlt, denn, ob ich gleich die zurückgebliebenen Leute fast völlig entkleiden laßen, so fehlt doch den abmarschirten Mannschaften so Manches, und um nicht gar zu wenig Leute abgehen zu laßen, habe ich keine andere Rücksicht nehmen können, daß jeder Mann ein gut Gewehr hat und dergestallt bekleidet ist, daß er der Witterung widerstehen kann." Brause an Thielmann am 01.01.1814. / Die Sattlerinnung in Borna hatte auf Requisition französische Tschakos gefertigt, die der General-Intendant – „weil sie den sächsischen fast völlig gleich sind" – zu 2 Tlr. 12 Gr./Stück aufkaufte.

[69] „Die meisten aus der Gefangenschaft zurückkehrenden Offiziere ... befinden sich in Ansehung ihrer Equipage in einem solchen Zustand, daß um solche wieder anzuschaffen ihnen durchaus ein Urlaub auf einige Zeit gestattet werden muß." Thielmann an den Herzog vom Weimar 11.01.1814

[70] Das Fehlen der Säbel und Granaten für die Patronentaschen ist nicht über zu bewerten. Das ehem. Musketier-Bataillon König war ja erst in den Rang eines Grenadier-Bataillons erhoben worden, so dass diese „Grundausrüstung" einfach fehlte.

36 Feldmützen, 261 Grenadier-Säbel, 191 Granaten, 26 Krätzer, 3 Bajonette, 2 Zimmermannsäxte, 5 Säbelklingen, 2 Tambourspiele, 91 Säbel- und 123 Bajonettscheiden, 26 Koppel, 143 Flintenriemen, 1 Trommelfell, 1 Tambourkniestück, 1 Zimmermannschurzfell, 312 Feldflaschen, 97 Feldkessel, 13 Tornister.

Linienregimenter (Anzeige von 22.11.1813)[71]

	Anton	Low	Niese.	Friedr.	Steindel	Rechten
Flintenriemen	130	70	30	219	45	202
Feldflaschen	205	8	148	307	45	232
Feldkessel	32	---	19	56	62	42
Zimmerm.äxte	4	---	8[72]	1	4	4
Zimm.schurzfelle	4	2	8	---	4	---
Tambourspiele	---	4	11[73]			
Trommelfelle				---	6	3

Provisorisches leichtes Regiment (Anzeige vom 22.11.1813)

300 Krätzer, 360 Baumölfläschchen, 3 Bajonette, 2 Patronentaschen mit Hörnchen, 10 Koppel, 198 Bajonettscheiden, 1 Trommelfell, 23 Tornister, 30 grüne Röcke, 40 grüne Westen, 142 Mäntel, 4 Tschakos, 11 Tschakoschilder, 12 pr. Bataillenbänder, 20 Tschakorosen, 363 Seitengewehre, 11 Zimmermannsäxte, 4 Zimmermannsschurzfelle, 86 Hörnchen für Tasche, 102 Feldkessel, 547 Feldflaschen mit Riemen, 253 Hemden, 59 Halsbinden, 326 pr. graue Hosen, 191 Pantalons, 375 pr. Schuhe, 119 pr. Sohlen, 431 pr. Tuchgamaschen, 277 pr. Socken, 97 grüne Tuchmützen.

Jäger-Bataillon (Anzeige vom 17.12.1813; Zahlen auf den präsenten (vollen) Etat)

127 (180) Büchsen, 356 (419) Seitengewehre, 335 (417) Pulverflaschen, 80 Kugelzieher, 160 Krätzer, 484 (566) Büchsenstrümpfe, 3 Sappeur-Messer, 3 Zimmermannsäxte, 514 (620) Kartuschen, 64 (147) Koppel, 38 (103) Büchsenriemen, 3 Schurzleder, 3 Axttaschen, 12 kleine Bajonettscheiden, -- (74) Tschakos, 234 (320) Mäntel, 557 (648) Feldmützen, 367 (441) Monturen mit Weste, 313 Hemden, 260 (327) Tuchpantalons, 237 pr. Sohlen, 328 pr. Gamaschen, 164 pr. Socken, 86 Tornister mit schwarzen Riemen, 557 (648) Feldflaschen und 6 Signalhörner.

---

[71] Mehr Gegenstände scheinen – zumindest bei dieser Meldung – nicht angefragt worden zu sein, denn Bedarf an anderen Dingen bestand zweifelsfrei. So erhält das „Regiment" Steindel am 22.11.1813 aus dem Haupt-Equipierungs-Depot geliefert: 4 Hautboisten-Monturen, 5 Mäntel, 16 Röcke und 23 Westen für Gemeine. Dazu mehrere Oboen und 1 F-Trompete mit Es- und Dis-Krummbogen. / Am 16./17.02.1814 erhält die Kompanie der Leutnants Larisch für 200 Mann an Beimontierungsstücken: 37 Paar Schuhe, 26 Paar Sohlen, 19 Paar Socken und 6 Stück Hemden (Larisch).

[72] Das Bataillon hat noch keine Zimmerleute

[73] Zu den 11 Tambourspielen fehlen auch noch die Tambours.

Den Büchsenmachern (prov. Grenadier-Regiments; 3.Bataillone des 1. und 2. prov. Linienregiments) fehlte es am 10.12.1813 noch an Handwerkszeug.

Das Jägerkorps (!) zeigte am 14.12.1813 an, dass es zur Selbstfertigung der Patronen (wegen der unterschiedlichen Kaliber) 60 Ellen Barchent[74], 4 Strähnen Zwirn und 90 Buch[75] Papier benötigt.

Obwohl am 20.12.1813 bereits 400 Paar Schuhe mehr als bestellt an die Truppe abgegangen sind, besteht weiterhin Bedarf, so dass der Generalintendant einen Kontrakt über weitere 2.000 Paar Schuhe abschließen musste[76].

Die Intendanz versuchte dem allgemeinen Mangel abzuhelfen, konnte aber nur nach und nach die nötigen Sachen liefern[77].

Noch im März 1814 war die Versorgungslage derart, dass die Truppen zur Selbsthilfe griffen[78].

Der leichten Infanterie fehlten Ende März 1814 noch 700 Tuchhosen.

Die Anschaffungspreise wurden am **14.04.1814** wie folgt angegeben:

1 Paar graumelierte Hosen	-- Tlr.	22 Gr.	-- Pf.
1 Elle rotes Doblierungstuch	1	20	--
1 Elle gelbes Doblierungstuch	1	2	--
1 Paar schwarze Gamaschen	1	--	--
1 graumelierter Mantel	--	22	--
1 Paar weiße Hosen	--	12	--

---

[74] [von arabisch barrakān] der, -s/-e, linksseitig aufgerautes, flanellartiges Gewebe in verschiedenen Bindungen mit feinerer und festerer Kette und gröberem und lockererem Schuss. – Im Mittelalter bezeichnete Barchent ein Mischgewebe aus Leinen und Baumwolle, das sich seit dem 14. Jahrhundert in Deutschland neben den einheimischen Woll- und Leinenstoffen durchsetzte. (http://universal_lexikon.deacademic.com/64986/Barchent)

[75] 4,5 Ries oder 2.160 Bogen Schreibpapier

[76] Ryssel teilte auch mit, dass der Schneider Jauch aus Pulsnitz neben Hemden und Hosen 400 Stück Patronentaschen für die leichte Infanterie geliefert hatte. In der Antwort auf diese Mitteilung teilte wiederum Nostitz mit, dass noch 1.500 Mäntel nach Verarbeitung des gelieferten Tuches fehlen. Er frug daher an, ob 1 Bataillon mit weißen Mänteln versehen werden könne, da noch Monturtuch vorrätig war.

[77] So wurden u.a. am 22.02.1814 2.000 lange Tuchbeinkleider und 1.000 Paar schwarze kurze Gamaschen mit langen Zwickeln; am 03.03.1814 1.210 Paar Schuhe 760 Hemden, 100 Tornister und 100 Ellen rotes Tuch zu Aufschlägen; am 09.03.1814 600 Paar Schuhe, 56 weiße Tuchhosen, 500 Hemden und 906 Mäntel; am 16.03.1814 1.000 Feldflaschen, 40 Tornister, 230 schwarze Halsbinden, 500 Paar Schuhe, 135 weiße Tuchhosen, 290 Leinwandpantalons und 127 Mäntel; am 19.03. 100 Feldflaschen und 60 Mäntel ans 1. Leichte sowie 150 Feldflaschen und 2 Mäntel an die Jäger; am 06.04.1814 100 Ellen gelbes, 100 Ellen hellblaues und 84 ½ Ellen rotes Tuch sowie 430 Paar Gamaschen und 100 Paar graue Pantalons und am 09.04.1814 318 Feldkessel geliefert. Dennoch wurden am 02.04.1814 u.a. 1.500 Ellen weißes Tuch zu Beinkleidern, 600 Ellen graues Tuch zu Reparaturen und 3.000 Paar Schuhe requiriert.

[78] „Es werden von nun an alle einzelnen Requisitionen an Bekleidung und anderen Gegenständen auf das ernstlichste untersagt ..." Tagesbefehl vom 26.03.1814

1 Paar Schuhe	-- Tlr.	20 Gr.	-- Pf.
1 Tornister mit Riemen	2	--	--
1 Paar Strümpfe	--	6	--
1 Halsbinde	--	4	6
1 Feldflasche mit Riemen	--	8	--
1 Feldkessel von Weißblech mit Kasserol	1	4	--

Die notwendigen Anschaffungen zogen sich weit ins Jahr 1814 hinein. So beschaffte die Generalintendanz am 02.11.1814 2.600 Flintenriemen, 600 Kokarden, 865 Patrontaschenhörnchen und 870 Tuchmützen für die leichte Infanterie. Am gleichen Tag wurden ans Truppenkorps 300 weiße Tuchhosen sowie 500 graue Tuchhosen und 520 Westen für die leichte Infanterie geliefert.

Im **November 1814** wurden die Preise der Ausrüstung wie folgt festgesetzt:

Armatur

Gewehr* Neu-Suhler Facon	6 Tlr.	10 Gr.	--Pf.
Gewehr* Alt-Suhler Facon	8	16	--
Gewehr* Wiener Facon	8	--	--
Französisches Gewehr**	8	--	--
Jägerbüchse	10	--	--
Gewehrriemen m. Schnalle	--	10	--
Bajonettscheide (Neusuhl)	--	7	6
Bajonettscheide (Altsuhl)	--	6	6
Bajonettscheide (Wiener)	--	6	6
Bajonettscheide (frz.)	--	6	6
Krätzer	--	2	6
Schraubenzieher m. Heft u. Ring	--	5	--
kplt. Tambourspiel ohne Riemen	13	--	--
Seitengewehr m. Scheide (Grenadiere)	3	4	--
Seitengewehr m. Scheide (Musk., leichte)	2	6	--
Hirschfänger	5	--	--
Zimmermannsaxt*** (nur Linie)	3	16	--
Signalhorn (nur leichte)	7	12	--
Kugelform	--	8	--

* Gewehre jeweils mit Bajonett, Bajonettscheide, Ladestock und Kätzer
** Gewehr mit Ladestock, ohne Bajonett m. Scheide und Krätzer
*** mit vergoldeter Krone und Helm

Lederwerk

Jägerkartusche m. Bleifutter u. Riemen	3	3	--
Pulverflasche m. Riemen	--	6	6

noch Lederwerk

Unteroffizierskartusche m. Riemen[#]	1 Tlr.	17 Gr.	-- Pf.
Patronentasche m. Riemen (Grenadiere)	2	11	--
Patronentasche m. Riemen (Musketiere)	3	8	--
Patronentasche m. Riemen (leichte)	1	19	--
Bajonett-Täschchen	--	2	--
Degenkoppel (Linie)	1	4	--
Degenkoppel (leichte)	--	18	--
Tambour-Bandelier m. Stöcken	1	10	--
Trommeltrageriemen	--	6	--
Tambourknieleder	--	16	--
Garnitur Signalhörnerriemen	--	10	--
Axttasche	1	8	--
Schurzfell	2	--	--
Tornister	1	19	--
großer Packriemen	--	2	3
kleiner Packriemen	--	1	--

[#] für die leichte Infanterie werden keine Uffz.kartuschen gegeben

Leibes-Montur

Tschako mit Zubehör	3	4	3
Rock (Grenadiere)	3	12	9
Rock (Musketiere)	3	11	3
Rock (leichte)	3	22	9
Weste (Linie)	1	20	3
Weste (leichte)	2	1	--
Capot	4	21	3
Rgt.s-Tambour-Montur (nur Musketiere)	19	14	5
Btl.s-Tamb.- o. Hautboisten-Montur (Gren)	10	8	--
Btl.s-Tamb.- o. Hautboisten-Montur (Musk)	10	6	5
Btl.s-Tamb.- o. Hautboisten-Montur (leich)	10	17	11
Tambour-Montur (Grenadiere)	3	15	3
Tambour-Montur (Musketiere)	3	13	9
Tambour-Montur (leichte)	4	1	3

Feldequipage

Feldflasche m. Riemen	--	9	6
Kupferner Feldkessel m. Kasserol + Haken	3	8	--
Eiserner Feldkessel m. Kasserol + Haken	2	4	--
Zeltbeil m. Futteral	--	10	--

Natürlich mussten auch Beschaffungen im Bereich der **Musikinstrumente** vorgenommen werden. So erhielt das Regiment Steindel am 22.11.1813 mehrere Oboen und eine F-Trompete mit Es- und Dis-Krummbogen[79] geliefert. Am 09.12.1813 wurden für das 2. provisorische Linien-Regiment 1 Terzien-Flöte, 1 Es-Clarinette und 1 Triangel beschafft.

4.3 Orden

Mit Übernahme der provisorischen Regierung durch Russland wurde das Tragen des Ordens der Ehrenlegion untersagt[80].

Als König Ludwig XVIII. die Ehrenlegion als Orden weiterführte, erlaubte auch das General-Gouvernement mit Publicandum vom $^{18.}/_{30}$.09.1814 wieder das Tragen dieses Ordens, allerdings nur in der königlichen Fassung[81].

4.4 Fahnen[82]

Am 27.02.1814 schreibt der Generalintendant Ryssel an Thielmann:

„Da das 1ste und 3te provisorische Linien-Infanterie-Regiment noch keine Fahnen haben, sich aber sehr schöne neue Fahnen in dem Zeughause von denen 1810 eingegangenen Regimentern befanden, so habe ich 3 Stück für das 1ste provisorische Linien-Infanterie-Regiment mit abgeschickt, und 3 Stück an das 3te provisorische Linien-Infanterie-Regiment abgegeben. Sie stimmen alle mit der Doublirung überein. Sollten bei den Grenadiers und 2ten provisorischen Linien-Regimente noch Fahnen fehlen, so kann ich auf erhaltenen Befehl solche sogleich abschicken. Es sind hier noch einige sehr schöne neue vorhanden."

Von den aufgelösten 4 Regimentern lagen noch 8 Fahnen im Hauptzeughaus. Es handelte sich dabei um die beiden Fahnen der Regimenter Cerrini (rote Doblüre, weiße Knöpfe), Burgsdorff (gelbe Doblüre, weiße Knöpfe) Dyherrn (hellblaue Doblüre, weiße Knöpfe) und Oebschelwitz (hellblaue Doblüre, gelbe Knöpfe).

Für das 3te Regiment (hellblaue Doblüre, gelbe Knöpfe) waren damit genügend (4 Stück bei 3 benötigten) Fahnen vorhanden, für das 1ste allerdings nur zwei

---

[79] Die Lieferung der anderen Instrumente wurde in Aussicht gestellt, allerdings wurde mitgeteilt, dass eine Beschaffung von Inventions-Waldhörnern aufgrund der zu hohen Kosten nicht stattfinden wird.

[80] „… erschien von der provisorischen Regierung … zugleich der Befehl zur Ablegung des Ordens der Ehren-Legion …" (Vollborn III – Vollborn legt die Bekanntmachung in der Armee in den Zeitraum vom 14.11. – 19.12.1813)

[81] Das Mittelfeld des fünfzackigen Stern zeigte nicht mehr das Abbild des Kaisers mit der Losung „Napoleon Emp. des Francais" (Vorderseite) und den Adler mit der Losung „Honneur et Patrie" sondern Heinrich IV. mit der Losung „Henri IV. Roi de France et de Navarre" und auf der Rückseite statt des Adlers drei Lilien bei gleicher Umschrift.

[82] Siehe hierzu auch Heft 28 dieser Reihe.

(bei 3 benötigten) Stück[83]. Die Aussage Ryssel's, dass alle Fahnen mit der Doblüre übereinstimmen[84], ist daher wohl mit einem Fragezeichen zu versehen.

Auch bedürfte der Satz *„Es sind hier noch einige sehr schöne neue vorhanden"* einer näheren Erläuterung, wenn von 8 vorhandenen Fahnen – gemäß Meldung – bereits 6 Stück ausgegeben wurden. Das 2. Provisorische Regiment hatte bereits 3 Fahnen (Leib- und Bataillonsfahne vom Regiment Steindel und die Bataillonsfahne vom Regiment Prinz Friedrich), so dass der Eindruck entsteht, dass der Generalintendant über die spezielle Situation mit den Infanterie-Fahnen nicht umfassend informiert war. Allerdings kann ihm dies wohl in dieser überaus aufreibenden und kräftezehrenden Situation niemand ankreiden.

5. Kriegsgesetze

Auf Veranlassung des Herzogs von Weimar kamen bei den sächsischen Truppen ab 1814 die preußischen[85], partiell auch die russischen Militärgesetze zur Anwendung.

---

[83] Das III. Bataillon des 1. Linienregiments führte 1817 eine grüne Bannerfahne, die im genannten Jahr an Stelle des Kreuzes den königlichen Namenszug erhielt. Damit ist die Aussage Ryssel's in Frage zu stellen. Warum sollte das III. Bataillon eine solche Fahne führen, wenn es doch eine reguläre und in der Doblüre passende Fahne bereits besaß und Fahnenverluste 1814/15 nicht bekannt sind?

[84] Theoretisch möglich wäre es möglich gewesen, dass sich die Fahne des II. Bataillons der Leib-Grenadier-Garde im Zeughaus befunden hatte und als „gelbe" Fahne ans III. Bataillon des 1. Regiments ausgeben worden war. Dazu finden sich in den Akten aber keinerlei Anhaltspunkte.

[85] „In Folge der in Dresden stattgefundenen Konferenz mit Sr. Durchl. dem Herzog von Weimar und des darin gefaßten Entschlusses die preuß. Militair Gesetze einstweilen in der sächs. Armee einzuführen, hat mir derselbe ein Exemplar der Weimarschen Soldatengesetze mit der Veranlassung übersandt, solche nun in der k. sächs. Armee bekannt zu machen. Ich habe dieselben nach den sächs. Verhältnißen abändern laßen…" Thielmann an Repnin am 26.01.1814 / „Was nun hingegen den Auszug aus dem russischen Kriegs Reglement betrifft, so geht meine ohnmasgebliche Meinung dahin, daß derselben wohl beßer in Form einer schriftlichen Instruction an die Generale und Corps Commandanten zu commuiniciren sein würde, als gedruckt und wie ein förmlich bestehendes Gesetz publicirt zu werden." Thielmann an den Herzog von Weimar am 11.01.1814.

6. Quellen

Bucher – Der Feldzug des Dritten deutschen Armeekorps 1814 – Leipzig 1854

Capefigue – 1814 und 1815 / Der Wiener Congreß …. – Grimma 1847

General-Gouvernements-Blatt für Sachsen – Erster bis Dritter Band – Leipzig 1813 - 1815

Hauptstaatsarchiv Dresden

11 242 643, 644, 655, 670, 744, 745, 748	Monatslisten 1814-15
11 289 030	Befehle 1813-14
11 289 148, 150	Ausrüstung 1814
11 290 048	Ordres 1814
11 290 130	Requisitionen 1814
11 339 009	Organisation sächs. Armee 1813-14
11 339 010	Organisation sächs. Korps 1814
11 339 116, 117, 468, 680	Hauptzeughaus- und Bewaffnungsangelegenheiten
11 339 124	Allerhöchste Befehle 1813
11 339 216	Landwehr 1814
11 339 284	Organisation 1813
11 339 295	Tagebuch 07.01.-14.03.1814
11 339 469	Bewaffnung und Ausrüstung 1814
11 340 118	Schriften des Regiments Low 1809-1815
11 340 220	Konzepte Rgt. Prinz Friedrich August 1807-1819
11 340 359	Schriften Rgt. v.Rechten 1801-1827
11 343 254	Formierung 1813
11 372 083	Vollborn Erlebtes (sh. auch Hefte 26 und 34 dieser Reihe)
11 372 Loc430	Akten Geheimes Kriegs-Rats-Kollegium

Hilbert – Blankwaffen aus drei Jahrhunderten – Berlin 1998

Holz – Sachsen unter russischer Verwaltung (Leipziger Kalender) – Leipzig 1914

Hottenroth – Geschichte der Sächs. Fahnen und Standarten – Dresden 1910

Larisch – Oberst von Larisch – Dresden 1888

Politz – Die Regierung Friedrich Augusts …/ Zweiter Teil – Leipzig 1830

Schön – Geschichte der Handfeuerwaffen – Dresden 1858

Schönburg – Geschichte des kgl. Sächs. 7.Infanterie-Regiments – Leipzig 1890

Schuster/Francke – Geschichte der sächsischen Armee – Leipzig 1885

Stadtgeschichtliches Museum Leipzig – Bildnis der Gebrüder Patzsch 1815

Stamm- u. Ranglisten der Kön. Sächsischen Armee auf die Jahre 1813 und 1815

Vollmer – Deutsche Militär-Handfeuerwaffen / Heft 2 – Sachsen – o.O. 2002

Anlage 01 Die Offizierslisten des mobilen Teils der Heeresinfanterie zum 01./30.11.1813 nebst den Veränderungen bis zum April 1814[86]

1. (provisorisches) Linien-Regiment

Stab

Oberstleutnant	Oberst Einsiedel, C.H.	(Rechten)
1.Major	Bose, C.O.	(Niesemeuschel)
2.Major	Larisch, Ch.E.	(Steindel)
3.Major	Eychelberg, L.W.	(König)
1.Adjutant	Pltn. Salza u.Lichtenhayn, E.	(Anton)
2.Adjutant	Pltn. Planitz, C.Ch.A.	(Niesemeuschel)
3.Adjutant	Pltn. Martini, O.A.	(Anton)
Rgt.s-Quart.-M.	Sltn. Raden, W.F.	(Niesemeuschel)
Rgt.s-Chirurg	Schmidt, F.A.G.	(Friedrich)
Btl.s-Chirurg	Pienitz, F.	
Btl.s-Chirurg	Lotze, C.F.	

1. Kompanie
Capitain 1.Kl.   Hopfgarten, F.   (Steindel)
Sousleutnants   Zeschau, G.F. (Niesem.) / Mandelsloh, E.A. (Niesem.) / Görne, Carl August (?)

2. Kompanie
Capitain 2.Kl.   Neitschütz, C.R.   (Niesemeuschel)
Sousleutnants   Altrock, A.H. (König) / Bosse, E.C.F.A. (Anton)
Witzleben, M.A. (?)

3. Kompanie
Capitain 2.Kl.   Elterlein, H.H.   (Anton)
Premierleutnant   Flemming, E.F.W.   (Low)
Sousleutnants   Oelschlegel, C.A. (Steindel) / Legler, Carl Adolph (?)

4. Kompanie
Capitain 1.Kl.   aggr. Major Trosky, G.F.L.   (König)
Premierleutnant   Klotz, H.K.F.   (Friedrich)
Sousleutnants   Kospoth, K.H.G. (König) / Brause, Ch. L.W. (Rechten)

5. Kompanie
Capitain 1.Kl.   Mosel, F.R.   (Max)
Premierleutnant   Heynitz, J.F.   (Steindel)
Sousleutnants   Linsingen, C.G. (König) / Simon, George Adolph (?)

---

[86] Die Zustände im November 1814 müssen etwas unübersichtlich gewesen sein. So wurden die Novemberlisten teilweise erst in Frühjahr 1814 gefertigt. Doppelnennungen/Verwechslungen sind dadurch durchaus möglich. Da zwischen August 1813 und Juni 1815 keine Stamm- und Ranglisten erschienen, kann ein entsprechender Abgleich leider nicht vorgenommen werden.

6. Kompanie

Capitain 2.Kl.	Hartitzsch, L.G.	(Friedrich)
Premierleutnant	Schollenstern, E.	(Anton)
Sousleutnants	August, Carl Glob (Steindel) / Müller, Carl Fr. (Steindel)	

7. Kompanie

Capitain 1.Kl.	aggr. Major Rex, A.W.	(Low)
Premierleutnant	Selmnitz, E.E.	(Steindel)
Sousleutnants	Goephardt, A.F. (Niesem.) / Kämpfe, Gustav Max (Anton)	

8. Kompanie

Capitain 2.Kl.	Dachröden, J.Ch.L.	(Steindel)
Premierleutnant	Linsingen, A.G.C.	(Low[87])
Sousleutnants	Hennig, Gutav Ferd. (Steindel) / Heyde, F.L. (Low)	

9. Kompanie

Capitain 2.Kl.	Roos, F.	(Anton)
Premierleutnant	Wilcke, F.C.H.	(Anton)
Sousleutnants	Gölz, Ferdinand (Anton) / Voss, Robert (Anton)	

10. Kompanie

Capitain 1.Kl.	Schmieden, C.G.A.	(Low)
Premierleutnant	Schütz, E.C.G.	(Low)
Sousleutnants	Schöne, Carl (Anton) / Kummer, Aug. Friedr. L. (Anton)	

11. Kompanie

Capitain 2.Kl.	Crausshaar, E.W.	(Anton)
Premierleutnant	Klösterlein, C.H.	(Anton)
Sousleutnants	Gablenz, Franz (Anton) / Brzesky, Thomas (Anton)	

12. Kompanie

Capitain 1.Kl.	aggr. Major Köckritz, A.W.	(Anton)
Premierleutnant	Bucher, J.A.A.	(Anton)
Sousleutnants	Zeschau, K.A.M. (Anton) / Witzleben, G.W. (Anton)	

2. (provisorisches) Linien-Regiment

Stab

Oberst	Seydewitz, H.A.	(Steindel)
Oberstleutnant	Wittern, S.G.F.A.	(Steindel)
1.Major	Brand, M.C.	(Friedrich)
2.Major	Hausen, H.K.F.	(Rechten)
1.Adjutant	Pltn. Goldacker, F.O.	(Steindel)

---

[87] Der bei Low stehende Linsingen hieß August Friedrich Wilhelm. Der Linsingen mit A.G.C. ist der Sousltn. Alexander Gottlob Carl, der auch 1815 noch Sousltn. im 1sten Regiment ist.

2.Adjutant	Pltn. Seebach	(Steindel)
3.Adjutant	Pltn. Klengel, H.A.	(Friedrich)
Rgt.s-Quart.-M.	Heinze, A.H.	(Max)
Rgt.s-Chirurg	Hedenus, C.F.	(Spiegel)
Btl.s-Chirurg	Tritzschler, K.T.	
Btl.s-Chirurg	Jahm	

1. Kompanie
Capitain 1.Kl.	aggr. Major Metzradt[88]	
Premierleutnant	Oelschlegel, F.C.F.M.	(Max)
Sousleutnants	Petzold, J.G. (Rechten) / Wilucky (Max)	

2. Kompanie
Capitain 2.Kl.	Beust, M.F.A.	(Rechten)
Premierleutnant	Böhme, C.F.F.	(Max)
Sousleutnants	Köhler, B.W. (Rechten) / Pitzschel (?)	

3. Kompanie
Capitain 2.Kl.	Vietinghoff, C.O.W.	(Max)
Sousleutnants	Oelschlegel (Max) / Goldberg, C.A. (Rechten) / Brzesky (Rechten)	

4. Kompanie
Capitain 1.Kl.	a. Major Könneritz, F.A.L.E.	(Rechten)
Premierleutnant	Criegern, H.A.	(Max)
Sousleutnants	Schubauer, F.L. (Steindel) / Ampach (?)	

5. Kompanie
Capitain 2.Kl.	Brück, F.G.	(Friedrich)
Sousleutnants	Brzesky, I.W. / Lindenau, F.A. / Witzleben, D.C.F (Friedrich)	

6. Kompanie
Capitain 1.Kl.	aggr. Major Lenz, J.L.A.	(Rechten)
Premierleutnant	Larisch, F.H.A.	(Friedrich)
Sousleutnants	Mühlen, L.F.C. / Sternstein	(Friedrich)

7. Kompanie
Capitain 2.Kl.	Glasser, G.A.W.	(Friedrich)
Premierleutnant	Kessler, F.H.C.	(Friedrich)
Sousleutnants	Altrock, H.A. / Egidy, A.G.	(Friedrich)

8. Kompanie
Capitain 1.Kl.	aggr. Major Koppenfels, Ch.F.C. (Steindel)	
Premierleutnant	Allmer, C.Ch.F.	(Niesem.)
Sousleutnants	Wittern, A.Ch.C. / Höck, F.A.	(Friedrich)

---

[88] Metzradt, entweder Carl August (LGG) oder Heinrich Ludwig Adolph (Niesemeuschel)

9. Kompanie
Capitain 2.Kl.	Stutterheim, C.A.	(Steindel)
Premierleutnant	Dreverhoff, H.M.	(Steindel)
Sousleutnants	Niebecker, H.C.F. / Klette, C.A.	(Steindel)

10. Kompanie
Capitain 1.Kl.	Tettau, O.G.	(Steindel)
Premierleutnant	Linsingen, A.C.L.	(Steindel)
Sousleutnants	Koppenfels, F. / Wolfersdorff, E.F.	(Steindel)

11. Kompanie
Capitain 1.Kl.	Göphardt, A.G.W.L.	(Steindel)
Sousleutnants	Kotsch, H.W. / Göckel, H.F.A. / Steindel	(Steindel)

12. Kompanie
Premierleutnant	Wurmb, F.A.C.	(Steindel)
Sousleutnants	Geusau, C. / Müller, C.F.	(Steindel)

Dem Regiment wurden zugeteilt bzw. vor hier versetzt im Monat

Dezember 1813

Sltn. Bauer Hellmann, K.E. (Rechten)

Sltn. Smolinsky, J.E.L. (?)

Oberstleutnant Wittern wurde zum 1.Linien-Regiment versetzt

Sltn. Goldberg kam in Wartegeld

Januar 1814

Capitain 1.Kl. Schmidt, E.C.A. (Anton)

Pltn. Bourgk, Ch.H. (Friedrich)

Sltn. Egidy, E. (Friedrich)

Capitain 1.Kl. Könneritz wurde zur Landwehr versetzt

Sltn. Lindenau wurde verabschiedet

Sltn. Egidy, A.G. wurde zur leichten Infanterie versetzt

April 1814

Capitain 1.Kl. Mandelsloh, F. (Anton)

Capitain 1.Kl. Smolinsky, J.E.L. versetzt zum 3. Linien-Regiment

3. provisorisches Linien-Regiment

Stab

Oberstleutnant	Major Wurmb, F.L.	(Anton)#
1.Major	Lobkowitz, C.A.F.	(Anton)#+
2.Major	Zanthier, J.G.	(Steindel)#+
1.Adjutant	Capt. Dürfeld, J.H.C.	(Rechten)

2.Adjutant	Pltn. Linsingen, F.W.	(Niesemeuschel)#
3.Adjutant	Pltn. Götz, Herrmann	(Niesemeuschel)

1. Kompanie
Capitain 1.Kl.	aggr. Major Erdtel, J.F.	(Max)#
Premierleutnant	Drandorf, S.M.	(Max)#
Sousleutnants	Maeder, J.Ch. (Anton)# / Egidy, F.A.Ch. (Rechten)	

2. Kompanie
Capitain 2.Kl.	Kloppmann, K.G.	(König)#
Premierleutnant	Hille, F.W.	(König)#
Sousleutnants	Bose, C.A.W. (Max)# / Eberhardt, M.L.W.J. (Low)#	

3. Kompanie
Capitain 2.Kl.	fehlt	
Premierleutnant	Planitz 2te, K.A.	(König)#
Sousleutnants	Flemming, H.F. (Rechten)#+ / Brandenstein, F.W. (Niese.)#	

4. Kompanie
Capitain 2.Kl.	Brochowsky, B.	(Max)#
Premierleutnant	Koppenfels, A.E.K.	(Rechten)#
Sousleutnants	Funck, F.L. (Niesemeuschel#) / Neitschütz, W. (König)#	

5. Kompanie
Capitain 1.Kl.	Zobel, G.Ch.B.	(Anton)#
Premierleutnant	Bünau, G.	(König)#
Sousleutnants	Larisch, Th. (Max)# / Römer, H.A.W. (Rechten)	

6. Kompanie
Capitain	fehlt	
Premierleutnant	Planitz 1te, C.J.	(König)#
Sousleutnants	Dieskau, E. (Low)# / Tettenborn, E.H. (Friedrich)#	

7. Kompanie
Capitain 2.Kl.	Gersdorf, A.H.	(König)#
Premierleutnant	Einsiedel, C.	(König)#
Sousleutnants	Winckel, C.L. (Anton)# / Lippold, George (Max)#	

8. Kompanie
Capitain	fehlt	
Premierleutnant	fehlt	
Sousleutnants	Metzsch, F.H.A. (Anton)# / Hering, Carl August (Steindel)#	

9. Kompanie
Capitain 2.Kl.	Schlieben, C.A.	(Low)#+
Premierleutnant	Könemann, J.C.A.	(Rechten)
Sousleutnants	Ohain, J.G. (Low)# / Queiser, J.Ch. (Low)#	

10. Kompanie
Capitain 1.Kl.	Wilucky, J.F.	(Max)#
Premierleutnant	Elterlein, C.A.	(Niesemeuschel)#
Sousleutnants	Allmer, M.F.A.M. (König)# / Croll, Heinr. Adolf (Low)	

11. Kompanie
Capitain 1.Kl.	Kessinger, A.	(Steindel)#
Premierleutnant	Francken, A.C.L.	(König)
Sousleutnants	Jeschky (Rechten) / Allmer, P.L.S. (König)#	

12. Kompanie
Capitain 1.Kl.	Ottenfeld, J.F.	(König)#
Premierleutnant	Haetzschner, F.A.J.	(Low)
Sousleutnants	Staff, C.F.F. (Low) / Zeschau, A.W. (König)#	

.... diese Offiziere wurden dem Regiment zwar am 01.11.1813 zugeteilt, jedoch am gleichen Tag wieder anderenorts versetzt.

\# diese Offiziere befanden sich am 01.11.1813 noch in Gefangenschaft

\+ diese Offiziere befanden sich am 28.02.1814 noch in Gefangenschaft

Dem Regiment wurden zugeteilt bzw. vor hier versetzt im Monat

Januar 1814

Oberstleutnant Liebenau, F.Ch. (Friedrich)

Regiments-Chirurg Christoph Andreas Georgi (Niesemeuschel), Bataillons-Chirurg Carl Friedrich Christian Lehmann (Feldhospital) und 5 Kompanie-Chirurgen

Capitain 1.Kl. Könneritz F.A.L. (Rechten) (Zuteilung erfolgte am 01.01.1814, er wurde am 31.01.1814 jedoch als Bataillonskommandeur an die Landwehr abgegeben.)

März 1814

Stab   Pltn. Petrikowski, A.W. (Niesemeuschel) als Adjutant
Stab   Pltn. Queiser (9.Kpn.) wird als Regiments-Quartier-Meister angestellt.
1.Kpn. Sltn. Schönermark, H.W.E. (Friedrich)
3.Kpn. Capitain 2.Kl. Gössnitz, W.F.M. (Niesemeuschel)
5.Kpn. Sltn. Schmidt auf Altenstädt, J.K.M. (Friedrich)
6.Kpn. Capitain 1.Kl. Smolinsky, J.A.L. (Friedrich)
8.Kpn. Capitain 2.Kl. Raab, H.F. (Friedrich)
11.Kpn Pltn. Dallwitz, K.O. (Niesemeuschel)
12.Kpn Capitain 1.Kl. Mewes, H.R.W. (Depot des Rgt.s, vorher Friedrich)

April 1814

9.Kpn. Pltn. Röder, C.F.A. (Anton)
10.Kpn Sltn. Beulwitz, F. (Anton) + Sltn. Schirnding, V. (Ritterakademie., ernannt)

11. Kpn Sltn. Maltitz, E.O. (Kadett, hierzu ernannt)
12. Kpn Pltn. Tettau, C.A.M. (Anton)

3. Grenadier-Bataillon

Stab

Kommandant	Major Anger, C.F.	(Low)
2.Major	Jeschky, H.G.E.	(LGG)
Adjutant	Pltn. Römer, M.L.	(Anton)
Btl.s-Chirurg	Schreiber, J.G.	(Steindel)

1. Kompanie

Capitain 2.Kl.	Geibler, G.F.	(Anton)
Premierleutnant	Winter, H.P.	(Low)
Sousleutnants	Woydt, A.F. (Anton) / Wurmb, A. (Anton)	

2. Kompanie

Capitain 2.Kl.	Kauffberg, L.G.	(Lecoq)
Premierleutnant	Przygrodzky, J.	(Friedrich)
Sousleutnants	Einsiedel, J.I. (Max) / Mandelsloh, F.G. (König)	

3. Kompanie

Capitain 1.Kl.	aggr. Major Spiegel, H.W.	(Rechten)
Premierleutnant	Nauendorf, C.G.	(Rechten)
Sousleutnants	Zeschau, F.A. (König) / Goldacker, A.H. (?)	

4. Kompanie

Capitain 1.Kl.	Doering, M.E.	(Friedrich)
Premierleutnant	Mandelsloh, F.M.	(Steindel)
Sousleutnants	Schlieben, F. (Rechten) / Vollborn, F. (Steindel)	

1. leichtes Regiment

Stab

Oberst	Bose, G.K.	(kgl. Flügel-Adjut.)
Oberstleutnant	Major Schlieben, K.Ch.	(Niesemeuschel)
1.Major	Rade, K.M.	(Lecoq)
2.Major	Beeren, K.A.	(Lecoq)
1.Adjutant	Pltn. Sommerfeld, J.F.R.	(Lecoq)
2.Adjutant	Pltn. Becker, K.A.	(König)
Rgt.s-Quart.-M.	Sltn. Breling, E.F.	(Lecoq)
Rgt.s-Chirurg	Weinhold, T.	(Lecoq)
Btl.s-Chirurg	Streicher, J.G.	

1. Kompanie
Capitain 2.Kl.   Gablenz, J.M.   (Lecoq)
Premierleutnant   Kaendler 2te, K.T.   (Lecoq)
Sousleutnants   Berggold; G.F. (Friedrich) / Ferber, K.O. (Lecoq)

2. Kompanie
Capitain 1.Kl.   aggr. Major Ehrenstein; C.A. (Max)
Premierleutnant   Kaendler 1te, H.T.   (Niesemeuschel)
Sousleutnants   Uslar, G.T.L. (Steindel) / Lindenau, J.W. (Lecoq)

3. Kompanie
Capitain 2.Kl.   Kommerstadt, H.L.W.   (Lecoq)
Premierleutnant   Sommerfeld 1te, K.G.W.   (Anton)
Sousleutnants   Polenz, G. (Lecoq) / Aster, A.W. (Max)

4. Kompanie
Capitain 1.Kl.   Angermann, C.H.   (Friedrich)
Premierleutnant   Barthel. A.L.   (Lecoq)
Sousleutnants   Heinecken, E.R. (Lecoq) / Loewe, K.E.E. (Lecoq)

5. Kompanie
Capitain 1.Kl.   aggr. Major Dallwitz, J.T.M.   (Niesemeuschel)
Premierleutnant   Süßmilch, C.   (Anton)
Sousleutnants   Freyer, J.K.G. (Lecoq) / Slevogt, K. (Lecoq)

6. Kompanie
Capitain 1.Kl.   Schlegel, W.L.   (Lecoq)
Premierleutnant   Holzendorff; A.E.S.   (Lecoq)
Sousleutnants   Einsiedel, A. (Lecoq) / Rabenau, A.A. (Lecoq)

7. Kompanie
Capitain 2.Kl.   Einwald, C.Ch.A.   (Lecoq)
Premierleutnant   Below, C.F.F.   (Anton)
Sousleutnants   Raab, K.L. (?) / Cunz, J.F. (?)

8. Kompanie
Capitain 2.Kl.   Schneider; C.A.   (Lecoq)
Premierleutnant   Koppenfels, T.   (Lecoq)
Sousleutnants   Keller, K.F.A. (Lecoq) / Kellner, F.F.W. (Lecoq)

Dem Regiment wurden zugeteilt bzw. vor hier versetzt im Monat

Januar 1814

Pltn. Hennig, M.A. von Max als Adjutant

Capitain 1.Kl. Bünau, G. von König zur 5.Kpn.

Pltn. Heintz, F.L. von Rechten zur 7.Kpn.

Capitain 2.Kl. Unruh von Low zur 8.Kpn.

Pltn. und Adjutant Becker ins Depot

Capitain 1.Kl. Dallwitz, Capitain 2.Kl. Schneider und Pltn. Below zum 2.Linien-Regiment

März 1814

Capitain 2.Kl. Ortel, K.G. vom Depot 2.LIR zur 8.Kpn.

Als überkomplette Offiziere wurden die Korporals Wittern, Herrmann Adolf (28.03.), Schoenhof, Leopold Hennig (29.03.), Treitschke, Franz Adolf (30.03.) und Treitschke, Eduard Heinrich (31.03.) zu Sltn. avanciert.

Capitain 2.Kl. Unruh ins Depot

2. leichtes Regiment

Stab

Oberst	Major Selmnitz, A.C.L.	(Sahr)
1.Major	Bevilaqua, F.A.*	(König)
2.Major	Egidy, H.A.	(Lecoq)
1.Adjutant	Pltn. Brause, C.F.W.*	(Brigade-Adjut. Sahr)
2.Adjutant	Pltn. Klinguth, F.A.	(Sahr)
Rgt.s-Quart.-M.	Schimpff, O.*	(Sahr)
Rgt.s-Chirurg	Heitmann, A.F.	(Sahr)
Btl.s-Chirurg	Dropisch, M.A.	(Sahr)

1. Kompanie
Capitain 1.Kl.	aggr. Major Holleufer, H.A.*	(Niesemeuschel)
Premierleutnant	Süßmilch, M.B.	(Sahr)
Sousleutnants	Buchheim, Ch. G. (Sahr) / Egidy, A.G.* (Friedrich)	

2. Kompanie
Capitain 2.Kl.	Schindler, C.	(Sahr)
Premierleutnant	Hille, C.F.W.	(Sahr)
Sousleutnants	Wolfersdorff 1te, G.F. (Sahr) / Wolfersdorff 2te, H.Ch.G. (?)	

3. Kompanie
Capitain 2.Kl.	Sahrer v.Sahr, D.A.	(Niesemeuschel)
Premierleutnant	Zschüschen, C.C.R.*	(Max)
Sousleutnants	Sichart, C.A.* (Steindel) / Zwicker, E. (?)	

4. Kompanie
Capitain 2.Kl.	Zimmermann, P.F.*	(Niesemeuschel)
Premierleutnant	Elterlein, A.C.	(Sahr)
Sousleutnants	Verlohren, C.J.M. (Sahr) / Suck, E.F. (Sahr)	

5. Kompanie
Capitain 2.Kl.	Brandenstein, C.A.	(Sahr)

Premierleutnant	Rockhausen, M.F.G.* (König)
Sousleutnants	Petrikowski, C.F.G. (Sahr)/ Tettenborn, C.W.* (Niesem.)

6. Kompanie
Capitain 1.Kl.	Lindemann, F.E.*	(Sahr)
Premierleutnant	Beck, C.F.	(Friedrich)
Sousleutnants	Zeschau, E.L. (Friedrich) / Thamm, A.A.G. (Sahr)	

7. Kompanie
Capitain 2.Kl.	Zeschau, J.A.S.	(Sahr)
Premierleutnant	Schulz, A.H.L.*	(LGG)
Sousleutnants	Süßmilch, E.O.* (?) / Mosel, A.E. (Sahr)	

8. Kompanie
Capitain 2.Kl.	Marschall, E.F.	(Sahr)
Premierleutnant	Germar, C.E.	(Sahr)
Sousleutnants	Schulze, M. (Sahr) / Loeben, G.H.A. (Sahr)	

* dem Regiment zugeteilte, aber noch nicht eingetretene Offiziere

Dem Regiment wurden zugeteilt bzw. vor hier versetzt im Monat

<u>Januar 1814</u>

Capitain 1.Kl. aggr. Major Dallwitz, J.T.M vom 1.LIR zur 3.Kpn.

Capitain 1.Kl. Schneider, C.A. vom 1.leichten Rgt zur 1.Kpn.

Capitain 2.Kl. Linsingen, Ch.C. vom Depot 3.prov. LIR zur 4.Kpn.

Capitain 2.Kl. Low, C. vom 3.LIR zur 6.Kpn.

Pltn. Kanne, W.L.F. von Max zur 5.Kpn.

Pltn. Selmnitz, C.F.H. vom 1.LIR zur 6.Kpn.

Capiatin 1.Kl. Holleufer zum 2.LIR versetzt

Capitain 1.Kl. Lindemann, Capitain 2.Kl. Sahrer v.Sahr und Capitain 2.Kl. Zimmermann in Wartegeld gesetzt und bei der Landwehr angestellt.

Pltn. Rockhausen zum Jäger-Bataillon versetzt

Pltn. Beck zum 1.LIR versetzt

<u>März 1814</u>

Sltn. Schulze, M. zur 5.Kpn. versetzt

Sltn. Tettenborn, C.W. zur 8.Kpn. versetzt

Oberst Major Selmnitz an Nervenfieber gestorben

<u>April 1814</u>

Pltn. Below, C.F. vom 2.LIR zur 7.Kpn.

Pltn. Schulze, A.H.L. zum Grenadier-Garde-Bon versetzt

Jäger-Bataillon

Stab

Kommandant	Major Jeschki, W.F.	(Sahr)
2.Major	Sperl, Ch.G.	(Lecoq)
Adjutant	Pltn. Sichart, G.F.	(Lecoq)
Rgt.s-Quart.-M.	Peters, M.A.	
Rgt.s-Chirurg	Weinold, T.	(Lecoq)

1. Kompanie

Capitain 1.Kl.	Bernhardi, C.A.[89]	
Premierleutnant	Zeschau, A.L.	(Max)
Sousleutnants	Demiani, F.E. (Sahr) / Bogenhard, S. (Jäger)	

2. Kompanie

Capitain 2.Kl.	Logau, F.S.	(Lecoq)
Premierleutnant	Egidy, H.W.	(Anton)
Sousleutnants	Helldorf, C.A. (Niesem.) / Kiesewetter, E.K. (Sahr)	

3. Kompanie

Capitain 2.Kl.	Zychlinky, F.	(Sahr)
Premierleutnant	Rockhausen, M.F.G.	(König)
Sousleutnants	Krebs, Ch.G. (Jäger) / Schweinitz, C.A.F. (?)	

4. Kompanie

Capitain 1.Kl.	Langenau, E.W.G.	(Adjoint Gen.stab)
Premierleutnant	Buttlar, A.W.A.	(Anton)
Sousleutnants	Nix, J.F. (Lecoq) / Schimpf, F.L. (Lecoq)	

Dem Bataillon wurden zugeteilt bzw. vor hier versetzt im Monat

<u>Januar 1814</u>

Bataillons-Chirurg Siegmund, C.A. vom Hospital hierher versetzt

Regiments-Chirurg Weinold am 31.12.1813 zum 1.leichten Regiment

<u>Februar 1814</u>

Capitain 1.Kl. Langenau, Pltn. Egidy und 1 Chirurg sind noch nicht beim Bataillon eingetroffen

<u>März 1814</u>

Capitain 1.Kl. Langenau wurde am 29.03. entlassen.

---

[89] In der Stamm- und Rangliste 1813 ist nur ein Ober-Auditeur mit diesem Namen vermerkt.

Anlage 02 Die zum Wartegeld ausgesetzten Offiziere der Infanterie mit Beginn Wartegeldbezug ab November 1813 – Februar 1814

Name/Dienstgrad	Truppe	Patent	Gehalt bisher Taler	Wartegeld Taler
Obersten				
Göphardt, C.L.v.	König	20.10.1809	3000	800
Boblick, C.H.E.v.	Friedrich	03.08.1810	3400	800
Majore				
Lindenau, W.F.v.	Max	02.12.1807	1200	500
Wolan, Th.v.	Rechten	28.02.1808	1200	1200*
Petrikowski, Fr.G.v.	Rechten	28.09.1809	1200	500**
Brand, M.Ch.v.	Friedrich	26.05.1810	1200	1200*
Boxberg, C.G.v.	Low	20.06.1810	1200	500*
Haynemann, F.Ch.W.	Sahr (aggr.)	04.03.1813	1000	500
Könneritz, F.B.L.v.	Rechten (ag.)	07.07.1813	1000	1000*
Capitains 1.Klasse				
Seydlitz, C.Tr.v.	Anton	21.04.1807	1000	400**
Hartitzsch, S.H.C.v.	Low	28.04.1808	1000	400
Lindemann, F.E.v.	Sahr	03.11.1808	1000	1000*
Döring, E.Ch.F.A.v.	Rechten	27.09.1809	1000	400**
Brochowski, A.Fr.v.	Niesemeusch.	03.05.1810	1000	400*
Salza u.Lichtenau, Fr.	Low	20.06.1810	1000	400**
Rohrscheidt, J.C.L.v.	Max	13.03.1810	1000	400*
Capitains 2.Klasse				
Köckritz, W.L.v.	Anton	29.11.1810	500	400**
Zimmermann, P.F.v.	Niesemeusch.	07.03.1813	500	500*
Wangelin, C.G.F.v.	Low	14.09.1813	500	400
Sahrer v.Sahr, D.A.v.	Niesemeusch.	02.10.1813	500	500*
Petrikowski, A.G.v.	Sahr	xx.12.1813	500	500***
Trebra, C.H.H.v.	Low	15.02.1814	264	500***

Name/Dienstgrad	Truppe	Patent	Gehalt bisher Taler	Wartegeld Taler
Premierleutnants				
Kötteritz, F.E.v.	Max	28.07.1813	264	240*
Müller, C.F.L.v.	LGG	28.09.1813	288	240*
Laue, F.A. (Adj.)	Max	19.08.1809	396	240***
Döring, D.A.v.	Max	24.01.1811	264	240***
Röder, F.H.v.	König	17.05.1811	264	240
Pabst v.Ohain, G.A.	Max	09.08.1811	264	240***
Schierbrandt, A.v.	Low	10.08.1811	264	240*/**
Biela, Ch.W.v.	Rechten	17.08.1811	264	240**
Berge, F.W.v.	Niesemeusch.	06.09.1811	264	240*
Schollenstern, J.S.v.	Rechten	26.02.1812	264	240**
Petrikowski, A.W.v.	Niesem. (Adj.)	09.03.1813	396	240
Röder, C.F.A.v.	Anton	14.04.1813	264	240*/**
Brandenstein, M.v.	Low	16.04.1813	264	240**
O'Byrn, F.A.	Max	28.07.1813	264	240*
Landsberg, H.M.J.v.	Friedrich	04.08.1813	264	240*
Tettau, C.A.M.vc.	Anton	01.10.1813	264	240*/**
Polenz, F.T.H.v.	Steindel	12.10.1813	264	240*
Sousleutnants				
Dierschen, E.G.	Max	16.08.1809	180	180**
Güntsch, J.C.	Rechten	15.10.1809	180	180*/**
Salza u.Lichtenau, F.H	Low	26.01.1810	180	180*/**
Salza u.Lichtenau, H.	Rechten	28.01.1810	180	180**
Wilcke, C.A.H.	Max	02.02.1810	180	180
Beulwitz, H.F.v.	Anton	04.02.1810	180	180*/**
Vitzthum v.E.,F.C.	Max	10.02.1810	180	180***
Helldorff, F.A.v.	Friedrich	14.02.1810	180	180*/**
Bourk, C.J.Th.v.	Max	16.02.1810	180	180***
Kotzsch, F.M.v.	Anton	19.02.1810	180	180*

Name/Dienstgrad	Truppe	Patent	Gehalt bisher Taler	Wartegeld Taler
noch Sousleutnants				
Metzsch, F.L.G.v.	Max	21.02.1810	180	180***
Rechenberg, H.A.v.	König	22.02.1810	180	180*
Berge, G.G.A.v.	Max	26.02.1810	180	180**
Biela, F.F.A.v.	Low	27.02.1810	180	180**
Bünau, G.v.	König	02.03.1810	180	180*
Metzsch, F.H.A.v.	Anton	07.03.1810	180	180
Kändler, A.T.	Low	13.03.1810	180	180**
Keck v.Schwarzbach, W.A.	Niesem.	17.03.1810	180	180*
Zezschwitz, F.W.v.	Niesemeusch.	02.04.1810	180	180*
Rohrscheidt, F.M.v.	König	23.04.1810	180	180
Buschbeck, C.E.	Niesemeusch.	30.04.1810	180	180*
Richter, J.T.J.	Niesemeusch.	03.05.1810	180	180*
Schieck, J.E.G.v.	Niesemeusch.	04.05.1810	180	180*
Dallwitz, J.C.v.	Niesemeusch.	14.06.1810	180	180
Tod, J.F.	König	20.06.1810	180	180*
Polenz, B.C.v.	Niesemeusch.	07.09.1811	180	180*
Neitschütz, H.W.v.	König	26.09.1811	180	180
Lischke, J.A.	König	04.01.1812	180	180*
Blücher, E.M.v.	Sahr	29.11.1812	180	180
Aneck, C.A.F.	Anton	10.12.1812	180	180*
Goldberg, A.C.	Rechten	12.02.1813	180	180*
Lischke, C.T.G.	Anton (prov.)	09.06.1813	180	180
Pfaff, C.A.	Steindel	02.07.1813	180	180*
Keszieki, T.v.	Low	15.07.1813	180	180*/**
Hausen, F.Fhr.v.	Friedrich	16.07.1813	180	180*
Fiedler, J.	König (prov.)	05.08.1813	180	180*
Canzler, Q.R.S.	Niese (prov.)	06.08.1813	180	180*
Andrä, C.E.	prov. angest.	23.08.1813	180	180

Name/Dienstgrad	Truppe	Patent	Gehalt bisher Taler	Wartegeld Taler
noch Sousleutnants				
Drabitzius, C.v.	prov. angest.	27.08.1813	180	180*
Wilcke, J.E.v.	prov. angest.	29.08.1813	180	180
Regiments-Quartiermeister				
Rodiger, F.W. (Slt.)	Rechten	29.09.1809	396	180***

* zur Landwehr kommandiert bzw. dort angestellt
** noch in Gefangenschaft
*** zum Banner kommandiert bzw. dort angestellt

———

Anlage 03   Verzeichnis der Offiziere, welche als noch in Gefangenschaft befindlich geführt werden vom 10.03.1814

		bestimmt zu	Kommentar
Majors			
von Petrikowsky	Rechten	Wartegeld	wahrsch. gestorben
von Lobkowitz	Anton	3.prov.Rgt.	24.03. eingetroffen
von Zanthier	Steindel	3.prov.Rgt.	19.03. eingetroffen
Kapitains			
von Seydlitz	Anton	Wartegeld	02.04. eingetroffen
von Mandelsloh	Anton	Wartegeld	30.03. eingetroffen
von Koeckritz	Anton	Wartegeld	unbekannt
von Wilucky	Max	3.prov.Rgt.	b. seinen Verwandten in Polen
Angermann	Friedrich	1.leichtes	auf Rückweg von Sewsk
Senfft v.Pilsach	Brig.Adju.	Brig.Adju.	20.03. eingetroffen
von Doering	Rechten	Wartegeld	war durch Mund blessiert, warscheinlich gestorben
Salza u.Lichtenau	Low	Wartegeld	Dez.12 in Wilna gestorben
Premierleutnants			
von Süßmilch	Anton (Adju)	1.leichtes	02.04. eingetroffen
von Sommerfeld	Anton	1.leichtes	dto.
von Below	Anton	Depot 1.lei.	dto.
von Roeder	Anton	3.prov.Rgt.	dto

noch Premierleutnants		bestimmt zu	Kommentar
von Egidy	Anton	Jäger Bon	dto.
von Tettau	Anton	Wartegeld	dto.
von Dürfeld	Rechten (Adj)	3.prov.Rgt.	gestorben
von Biela	Rechten	Wartegeld	gestorben
von Schollenstern	Rechten	Wartegeld	in Wilna gestorben
von Koenemann	Rechten	3.prov.Rgt.	14.11.12 bless., wohl tot
von Franken	Rechten	Wartegeld	gestorben
Flezschger	Low (Adju)	3.prov.Rgt.	Dez.12 in Wilna gestorben
von Schierbrand	Low	Wartegeld	a.d. Beresina am Kopf bless., wahrscheinlich tot
von Brandenstein	Low	Wartegeld	Dez.12 in Wilna gestorben
Thieme	Low (Brig.Ad.)	Depot 3.prR.	auf Rückweg von Sewsk

Sousleutnants			
von Süßmilch	Anton	2.leichtes	02.04. eingetroffen
von Beulwitz	Anton	Wartegeld	dto.
von Dierschen	Max	Wartegeld	Dienst bei russ.-dt.Legion?
Wilke	Max	Wartegeld	Dienst bei russ.-dt.Legion?
von Berge	Max	Wartegeld	Dienst in hanseat.Legion?
von Egidy	Friedrich	2.prov.Rgt.	auf Rückweg von Sewsk
von Helldorf	Friedrich	Wartegeld	unbekannt
Günzsch	Rechten	Wartegeld	unbekannt
Salza u.Lichtenau,H.	Rechten	Wartegeld	a.d.Beresina geblieben
von Roemer	Rechten	3.prov.Rgt.	wohl in Wilna gestorben
Staff	Low	3.prov.Rgt.	unbekannt, wohl tot
Salza u.Lichtenau, F.	Low	Wartegeld	unbekannt
von Biela	Low	Wartegeld	in Wilna gestorben
von Raab	Low	1.leichtes	unbekannt
Kaendler	Low	Wartegeld	Dez.12 in Wilna gestorben
von Keszycky	Low	Wartegeld	unbekannt
von Keller	1.leichtes	1.leichtes	unbekannt

Chirurgen und Auditeure			
Rgt.s.-Ch. Jaeger	Low	Wartegeld	unbekannt, wohl tot
Btl.s-Ch. Schwabhaeuser	Anton	Landwehr	wird Ende April eintreffen
Btl.s-Ch. Naumann	Low	Landwehr	Anstellung in Warschau?
Auditeur Reichel	Low	Wartegeld	in Wilna gestorben

Anlage 04   **Die Offizierslisten des mobilen Teils der Heeresinfanterie zum März bzw. Mai 1815**

1.Linien-Regiment (31.05.1815)

Stab	
Oberst	Einsiedel
Oberstleutnant	Wittern
Majors	Larisch und Eychelberg
Adjutanten	Pltn. Flemming, Sltn. Martini, Henning
Rgt.s-Quart.-Mstr.	Linke
Chirurgen	Schmidt (Regiments-), Pienitz und Lotze (Bataillons-)

Capitain	Pltn.	Sltn.
1.Kompanie		
Hopfgarten	Mandelsloh	Görne
2.Kompanie		
Neitschütz	Altrock	Witzleben / Voss
3.Kompanie		
Salza und Lichtenau	Planitz	Oelschlegel / Legler
4.Kompanie		
Trosky	Klotz	Kospoth / Brause
5.Kompanie		
Mosel	Beck	August / Simon
6.Kompanie		
Hartitzsch	Schollenstern	Linsingen / Müller
7.Kompanie		
	Heynitz	Göphart / Kämpfe
8.Kompanie		
Dachröden	Polenz	Linsingen / Heyde
9.Kompanie		
Roos	Wilcke	Gölz / Bosse
10.Kompanie		
Schmieden	Schütz	Schöne / Kummer
11.Kompanie		
Craushaar	Klösterlein	Gablenz / Brzesky
12.Kompanie		
Köckritz	Bucher	Zeschau / Witzleben

2.Linien-Regiment (31.05.1815)

Stab
Oberst	Seidewitz
Oberstleutnant	Brand
Majors	Hausen und Koppenfels
Adjutanten	Pltn. Goldacker, Klengel, Seebach
Rgt.s-Quart.-Mstr.	Heinze
Chirurgen	Hedenus (Regiments-), Tritzschler und Jahn (Bataillons-)

Capitain	Pltn.	Sltn.
1.Kompanie		
Metzradt	Oelschlegel	Petzold / Wilucky
2.Kompanie		
Beust	Böhme	Kohler / Pitzschel
3.Kompanie		
Vietinghoff	Burch	Oelschlegel / Brzesky
4.Kompanie		
Schmidt	Salza	Schubauer / BauerHellmann
5.Kompanie		
Brück	Brzesky	Witzleben / Sternstein
6.Kompanie		
Lenz	Larisch	Egidy / Mühlen
7.Kompanie		
Glasser	Kessler	Ampach / Schulz
8.Kompanie		
Mandelsloh	Allmer	Wittern / Höck
9.Kompanie		
Stutterheim	Dreverhoff	Niebecker / Steindel
10.Kompanie		
Tettau	Linsingen	Koppenfels / Wolfersdorff
11.Kompanie		
Göphart	Miklau	- / -
12.Kompanie		
Moritz	Criegern	Göckel / Müller

3.Linien-Regiment
Die jüngste in den Akten auffindbare Liste ist die vom 31.12.1814, welche hinsichtlich der Offiziere der vom April 1814 entspricht

3.Grenadier-Bataillon (31.05.1815)

Stab		
Majors	Anger und Jeschky	
Adjutanten	Pltn. Römer	
Chirurg	Schreiber (Bataillons-)	

	Capitain	Pltn.	Sltn.
1.Kompanie	Geibler	Berge	Woydt / Wurmb
2.Kompanie	Kaufberg	Einsiedel	Mandelsloh / Goldacker
3.Kompanie	Wurmb	Nauendorf	Zeschau / Hirsch
4.Kompanie	Doering	Mandelsloh	Vollborn / Friesen

1.leichtes Regiment (31.05.1815)

Stab	
Oberstleutnant	Schlieben
Majors	Rade und Beeren
Adjutanten	Pltn. Hennig
Chirurgen	Weinhold (Regiments-) und Streicher (Bataillons-)

	Capitain	Pltn.	Sltn.
1.Kompanie	Gablenz	Kaendler C T	Berggold
2.Kompanie	Ehrenstein	Süßmilch C F	Uslar / Lindenau
3.Kompanie	Kommerstädt	Sommerfeld G W	Polenz / Aster
4.Kompanie	Angermann	Barthel	Heinecken / Loewe
5.Kompanie	Bünau	Kaendler H T	Freyer / Slevogt

6.Kompanie Schlegell	Holtzendorff		Einsiedel / Rabenau
7.Kompanie Trebra C.H.H.	Heintz		Dallwitz / Kunz
8.Kompanie Ortell	Koppenfels		Kellner / Wittern

2.leichtes Regiment (30.03.1815)

Stab	
Oberstleutnant	Bose
Majors	Bevilaqua und Egidy
Adjutanten	Pltn. Brause und Klinguth
Rgt.s-Quart.-Mstr.	Schimpff
Chirurgen	Heitmann (Regiments-) und Dropisch (Bataillons-)

Capitain	Pltn.	Sltn.
1.Kompanie Schneider	Süßmilch	Buchheim / Egidy
2.Kompanie Schindler	Hille	Wolfersdorff 1te / Zwicker
3.Kompanie Dallwitz	Zschüschen	Sichart / Wolfersdorff 2te
4.Kompanie Linsingen	Selmnitz	Verlohren / Suck
5.Kompanie Brandenstein	Kanne	Schulze
6.Kompanie Low	Germar	Metzsch / Thamm
7.Kompanie Zeschau	Below	Süßmilch / Mosel
8.Kompanie Bieberstein	Elterlein	Tettenborn / Loeben

Jäger-Bataillon (30.03.1815)

Stab

Majors	Jeschki und Sperl	
Adjutant	Pltn. Sichart	
Rgt.s-Quart.-Mstr.	Peters	
Btl.s-Chirurg	Siegmund	

	Capitain	Pltn.	Sltn.
1.Kompanie	Bernhardi	Zeschau	Demiani /Bogenhard
2.Kompanie	Logau	Egidy	Helldorf[90]
3.Kompanie	Zychlinky	Rockhausen	Krebs / Schweinitz
4.Kompanie	Sahrer v.Sahr, D.A.	Buttlar	Nix / Schimpf

Anlage 05 Auszug aus dem Armeebefehl vom 12.11.1813

Es kann der Armee nicht anders als erfreulich sein, daß von Sr. Kaiserl. Ruß. Majestät die Erlaubniß ertheilt worden ist, von nun an die Nationalfarbe zum Feldzeichen zu tragen. Es ist selbige nach dem sächsischen Rautenkranz, die Grüne, zu welcher zum unvergeßlichen Andenken der erhabenen Befreier Deutschlands und Wiederhersteller des sächs. Vaterlandes , die gelbe und schwarze hinzugefügt werden sollen. Die Cocarde ist demnach hinführo grün mit einem gelben und schwarzen Streifen umgeben. Das port épée und die Huth-Cordons sind von Silber mit grünen, gelben und schwarzen Streifen.

Ferner haben Se. Königl. Majestät anzubefehlen geruht, die bisherigen nach französischer Sitte in der Armee eingeführte Auszeichnung der Grade abzuschaffen, und neue einzuführen, so daß damit alles vertilgt werde, was an die bisherige Zeit erinnert. Es wird also hiermit folgendes festgesetzt: …

2.Stabsofficiere

Alle Stabsoffiziere tragen zwey Epaulets mit Franzen ohne Bouillons, so wie eine schmale Tresse um Kragen und Aufschläge. Beydes ist Gold oder Silber je nachdem dies bei den Regimentern eingeführt ist. Der Oberst hat von derselben Tresse Drei, der Oberstlieutenant Zwey und der Major Eine Litze auf dem Kragen.

---

[90] Sltn. Kiesewetter starb am 19.03.1815 im Hospital zu Koblenz

Das port èpée und Huth Cordon der Stabsoffiziere sind von Bouillons.

3.Subaltern Officiers

Die Capitains und Lieutenants tragen Zwey Contre-Epaulets von Gold oder Silber. Die bisher bey den Lieutenants zur Abzeichnung des Grades eingeführt gewesenen seidenen Streifen an den Epaulets werden beybehalten. Port épée und Huth Cordons sind von Franzen.

...

5.Die Truppen

bleiben mit Ausnahme des Feldzeichens wie bisher

6.Chirurgen

Die Regiments-Chirurgen tragen port épée und Huth Cordons wie die Sulalternoffiziers. Sie haben lichtblaue Uniformen mit schwarz sammtenen Kragen und Aufschläge und Drey in Silber gestickte Litzen auf ersteren.

Die Stabs-Chirurgen sind denen Regiments-Chirurgen gleich, mit der Ausnahme jedoch daß sie nur Zwey Litzen haben.

Ober-Chirurgen haben gleiche Uniform mit einer Litze, tragen jedoch, so wie die Unter-Chirurgen die keine Litze haben, das port épée und Huth Cordons nicht.

7.Regiments-Quartiermeister

Sie trage dunkelblaue Röcke mit dergleichen Aufschlägen und Kragen und Drei in Silber gestickten Litzen. Port épée und Huth Cordons wie die Subalternoffiziers.

8.Auditeur

Wie die Regimentsquartiermeister mit dem Unterschied, daß sie Gold gestickte Litzen haben.

Feldbinden werden blos von den Generalen getragen. ...

Die Farbe der Knöpfe richtet sich überall nach den Epaulets oder der Stickerey.

Anlage 06   **Traktament, Löhnung, Portionen und Rationen**

Hinsichtlich Traktament, Löhnung, Portionen und Rationen waren für die Infanterie ausgeworfen:

Dienstgrad	Feldgehalt		Natural im Felde	
	Taler	Groschen	Portionen	Rationen
Oberst	250		4	6
Zulage	44	16		
Bataillons-Kommandeur	100		3	4
Adjutant incl. Schreibmat.	33		2	2
Regiments-Quartiermeister	33		2	2
Regiments-Chirurg	66	16	2	1
Bataillons-Chirurg	15		1	1
Fahnenjunker	4	12	1	
Stabs-Fourier	8	12	1	
Bataillons-Tambour	3	12	1	
Büchsenmacher/-schäfter	5	12	1	
Kapitän 1.Klasse	83	8	2	1
Kapitän 2.Klasse	41	16	2	1
Premier-Leutnant	22		2	
Sous-Leutnant	15		2	
Feldwebel	6	12	1	
Sergeant	4	12	1	
Fourier incl. Schreibmaterial	5	4	1	
Chirurg	8		1	
Korporal	3	12	1	
Tambour	2		1	
Zimmermann	2		1	
Gemeiner	2		1	

Vom 01.01.1814 an wurde der Mannschaft 1 Thaler 8 Groschen monatlich für die im Feld gereichte volle Verpflegung abgezogen. Im Frieden fand dieser Abzug nicht statt, dafür bestand die Portion nur aus 1 ½ Pfund Brot täglich.

Das Jäger-Bataillon wies Ende 1813 hiervon abweichende Sätze aus und zwar:

Feldwebel	7	12	1	
Sergeant	6	12	1	
Fourier incl. Schreibmaterial	5	20	1	
Chirurg	8		1	
Oberjäger	5	12	1	
Hornist	3	12	1	
Zimmermann	2	12	1	
Jäger	4	12	1	
Scharfschütze	2	12	1	

Anlage 07   Ergänzungen zu den Jahren 1810 – 1813

Anlage 7.1   Die Beschaffung der Infanterie-Gewehre

Die Gewehre der Infanterie waren – so zeigen es die Berichte der Muster-Inspektoren – bei den Regimentern, die nicht mit Gewehren Neusuhler Facon ausgerüstet waren, in einem schlechten Zustand.

Um diesem Zustand abzuhelfen, trat man 1810 mit dem Wiener Waffenhändler Calnot in Verbindung, um von diesem die entsprechenden Waffen zu erwerben. Einerseits sollten neue Gewehre für die Infanterie (die so genannten Gewehre Wiener Facon zum Ersatz der Gewehre Altsuhler Facon) aber auch gebrauchte Gewehre[91] erworben werden. Die Verhandlungen mit Calnot kamen nicht von ungefähr. Seitens der Beschaffungsbehörden der Armee war man schon seit Jahren mit den Arbeiten der Suhler Meister nicht mehr zufrieden. Hohe Preise und nachlassende Qualität hatten die Waffenschmiede zu Bärenstein in den Fokus der Beschaffer gerückt, produzierte Bärenstein doch Gewehre für die Österreicher. Hieraus entstand das Gewehr Wiener Facon, welches im Grunde dem österreichischen Gewehr M 1798 entsprach, jedoch sächsisches Kaliber hatte.

Am **03.04.1811** ordnete der König an, dass die Verträge mit Calnot geschlossen werden sollen. Diese Verträge umfassten:

20.000 gebrauchte aber gut konditionierte österreichische und französische Infanterie-Gewehre mit Bajonett zu je 35 Gulden Banknoten oder 2 Taler und 22 Groschen sächsisch.

12.500 neue Infanterie-Gewehre zu 36 Gulden oder 3 Talern.

1.800 neue Artillerie-Gewehre zu 21 Gulden oder 1 Taler 18 Groschen.

2.000 neue Karabiner zu 24 Gulden oder 2 Talern.

3.000 neue Kavallerieseitengewehre mit Eisenscheiden zu 19 Gulden oder 1 Taler und 14 Groschen.

Die Anzahlung wurde mit 29.166 Talern und 16 Groschen auf die gebrauchten und 8.333 Talern auf die neuen Gewehre festgesetzt.

Es sollte bei Calnot angefragt werden, wie viel über die 20.000 Stück noch an gebrauchten Gewehren vorrätig wären.

Der König genehmigte am **21.05.1811** die Bestellung von 60.000[92] gebrauchten Gewehren zu 34 Gulden/Stück.

---

[91] Vermutlich für die noch aufzustellenden Truppen der Reserve-Division, die nach der Heeresreform von 1810 (Einteilung der gesamten Armee in 3 Divisionen) die 3. Division darstellte.

[92] Was der König mit 60.000 gebrauchten Gewehren wollte, ist bei der Größe der sächsischen Armee nicht nachzuvollziehen und wäre gesondert zu recherchieren. Einerseits liegt der Preis von um die 2 Taler bei rund 1/3 des Preises für eine neue Waffe, so dass durchaus Handelsabsichten

Auch sollten 5.500 Seitengewehrklingen sowie 1.200 Stück Seitengewehre mit ebenso viel eisernen Ortbändern (für das Train-Bataillon zu 12 Gulden/Stück) angeschafft werden.

Eine Allerhöchste Ordre vom **23.08.1811** legte fest, dass die 60.000 gebrauchten Gewehre von Ph. Calnot binnen 10 Monaten – von Juli 1811 an – mit 6.000 Stück monatlich zu liefern sind. Der Preis wurde mit 2 Talern und 20 Groschen (anstatt 34 Gulden, wie am 26.05.1811 bewilligt) festgelegt. Die Zahlung sollte zur Hälfte bei Abgang des Transportes von Wien und zur anderen Hälfte nach Übernahme der Gewehre geleistet werden.

Ende 1811 verlangte Calnot einerseits, dass alle Gewehre automatisch abzunehmen sind und andererseits auf den vereinbarten Preis eine Zulage. Die sollte betragen für:

1 Infanterie-Gewehr	1 Taler	2 Groschen
1 Artillerie-Gewehr	1 Taler	10 Groschen
1 Karabiner	1 Taler	4 Groschen
1 paar Pistolen	1 Taler	2 Groschen
1 Kavalleriesäbel		10 Groschen

Der König trug am **15.12.1811** Bedenken, die gebrauchten Gewehre automatisch zu bezahlen und abzunehmen sowie weiterhin auf die bereits gelieferten Stücke nachträglich eine Zulage zu zahlen. Die Lieferungen wurden ausgesetzt und es sollten vorerst nur die bestellten neuen Gewehre[93] weiter geliefert werden.

Der König zeigte sich in diesem Zusammenhang nicht abgeneigt den Suhler Büchsenmachern durch die Bestellung von 1.600 Infanterie-Gewehren und 1.500 paar Pistolen Beschäftigung zu geben. Hierzu sollten Preis und Lieferzeit angefragt werden.

Am **01.04.1812** wird festgestellt, dass die Quittungen zu den 20.000 gebrauchten Gewehren sowie den neuen Gewehren, 5.500 Infanterie-Seitengewehren und den 1.200 Train-Seitengewehren fehlen.

Nach einer – zumindest aktenseitig sich so darstellenden – Vertragspause und dem stattgefundenen Russlandfeldzug von 1812 verlangt man am **29.01.1813**, dass Calnot sich verpflichten soll, die unbrauchbaren Gewehre zurückzunehmen sowie die richtigen Bajonette und Ladestöcke zu liefern. Dafür betrug der Preis für eine Flinte nun 4 Taler und 2 Groschen. Calnot sollte auch gefragt werden, wieviel Gewehre er sofort abgehen lassen kann.

---

unterstellt werden können (aktenkundig ist ein Verkauf von 400 Flinten zum Preis von 4 Talern 12 Groschen an Schwarzburg-Rudolstadt). Andererseits kann er als „Strohmann" für die Franzosen agiert haben.
[93] Die sogenannten Gewehre „Wiener Facon".

Die Verhandlungen mit Calnot scheinen nicht das gewollte Ergebnis gebracht zu haben, denn im Mai 1813 werden die Suhler Meister zur Angebotsabgabe für 6.000 Gewehre Wiener Facon aufgefordert. An der Ausschreibung beteiligt sich allerding nur 1 Meister (Gottlieb Albrecht Göllner), der am **04.06.1813** die Flinte mit rotbuchenem Schaft zu 6 Talern 16 Groschen bei vollkommener Barzahlung und Lieferung von 400 – 600 Gewehren im Monat anbietet.

Boudet teilt Gersdorff am **13.06.1813** mit, dass sich nur ein Anbieter auf die Ausschreibung hin gemeldet hat und das für die Beschaffung der 6.000 Gewehre 40.000 Taler erforderlich sind. Er trägt an, die unbedingt notwendigen 3.000 Stück dennoch sofort zu b estellen.

Am **14.06.1813** weist Gersdorff Boudet an, 6.000 Gewehre zu bestellen, den Preis von 6 Talern 16 Groschen aber nur zu bestätigen, wenn 1.000 Gewehre pro Monat geliefert werden können und die Zahlung jeweils hälftig in Kassenbillets und bar erfolgt.

Gersdorff präzisierte die Anforderungen an diese 6.000 Gewehre wie folgt:
a) Sie müssen ganz genau dem französischen Kaliber entsprechen, damit nötigenfalls französischen Munition verschossen werden kann.
b) Die Röhren sind in den Pulverkammern um $1/8$ Dresdner Zoll zu verstärken, um das Stoßen beim Feuern so viel als möglich zu vermeiden. Doch muss sich diese Verstärkung wenigstens ¼ Elle nach der Endung verlaufen.
c) Die Schraubengewinde für die Riemenbügel soll sich, wie bei den älteren Modellen in den Riemenbügeln und nicht der messingnen Bügeln befinden.
d) Die Kolben sind im Anschlag etwas breiter zu gestalten.

Ansonsten sollte alles wie bei den Gewehren Wiener Facon verbleiben.

Gersdorff unterrichtet den König am **14.06.1813** über die getätigte Bestellung und führt weiter aus, dass die gegenwärtige Kampagne die Brauchbarkeit der Gewehre Wiener Facon bestätigt habe. Obwohl dass Kaliber nur unbedeutend vom dem französischen abweicht, ließe sich die französische Munition aber nur mit Schwierigkeit laden. Diese Schwierigkeit läge zwar mehr in der Art und Weise, wie die französische Munition gefertigt wird, dennoch ist aus diesem Grund die Kaliberveränderung bei den neubestellten Gewehren notwendig.

Vorsichtshalber erkundigt man sich in Suhl nach dem Preis eines neuen Gewehres nach Altsuhler Facon, der am **05.08.1813** mit 6 Talern angegeben wird.

Gleichfalls am **05.08.1813** wird festgestellt, dass der nach Suhl zur Werksabnahme kommandierte Büchsenmacher, Ouvrier Ebert[94], seine Aufgaben nicht

---

[94] Es wurde festgestellt, dass Ebert aufgrund seiner großen Familie auf einen „Zuverdienst" angewiesen war, dem ihn Spangenberg vermutlich gewährte.

erfüllt. An den von Spangenberg[95] gelieferten 150 neuen Flinten waren nicht nur viele leicht zu bemerkende Fehler sondern auch 54 Stück so defekt, dass sie mit neuen Röhren oder neuen Schwanzschrauben sowie neuen Bändern (die bei allen Gewehren nicht die beste Qualität aufwiesen) versehen werden mussten. Dagegen waren alle von Göllner gelieferten Gewehre – von Transportschäden abgesehen – diensttüchtig. Da es bei Göllner wohl eine Qualitätskontrolle gab, bei Spangenberg hingegen nicht, wurde Spangenberg aus dem Vertrag geworfen.

Am **10.08.1813** wird eine Vorschrift zur Verfertigung einer Probebüchse mit Bajonett vom Premierleutnant v.Zychlinsky vom Jägerkorps eingereicht.

Der Generalleutnant von Lecoq schlug Gersdorff am **14.08.1813** vor, beim Feldbewaffnungsdepot eine Anzahl von Büchsen zu hinterlegen. Er verwies darauf, dass ein Büchsenmacher in Weinberg/Böhmen die Büchse für 13 Taler liefert.

Von den in Torgau – und wohl auch Wittenberg – niedergelegten Vorräten der gebrauchten Gewehre aus den Calnot'schen Lieferungen gelangen bei der Reorganisation von 1813 keine Waffen wieder in sächsische Hände. Entweder wurden sie von den Franzosen verbrannt oder aber von den Preußen unter Beschlag genommen[96].

Im **Januar 1814** wurden 2.000 französische Gewehre (Schlachtfeldfunde) an die Linien-Infanterie ausgegeben[97].

In den Hauptzeughausrechnungen sind im **Februar 1814** 375 Infanterie-Flinten (ein Teil der am 18.06.1813 kontrahierten Gewehre Wiener Facon mit französischen Kaliber) dokumentiert, die in Oktober und November 1813 – wegen der Belagerung von Dresden – nach Leipzig geliefert worden waren.

Danach wird es aktenseitig still um die Infanterie-Gewehre.

Das am **20.01.1816** von Jos. Oesterlein gemachte Angebot, die neue Infanterie-Flinte für 30 Gulden zu liefern, wird von sächsischer Seite nicht angenommen.

---

[95] Spangenberg wurde wohl zu dem an Göllner vergebenen Auftrag hinzugezogen, da Göllner allein die geforderten 1.000 Stück/Monat nicht liefern konnte.
[96] Bericht des Generalmajors von Mellentin vom 14.01.1814
[97] Bericht Thielmanns vom 13.01.1814

Anlage 7.2 Bemerkenswertes aus den Berichten der Musterinspekteure vom Jahre 1811

Regiment Prinz Friedrich / I. Bataillon, Inspektionsbericht vom 15.06.1811

Unter den Feldflaschen befanden sich mehrere französischer Facon.

Es fehlten: 1 Grenadiersäbel, 690 Musketier-Pallasche, 563 Baumölflaschen, 1 Zimmermannsaxt und 1 Stab für den Bataillons-Tambour.

Die Gewehre wurden als sehr schlecht eingestuft und sollten durch alte aus dem Hauptzeughaus ersetzt werden.

Regiment Prinz Clemens / I. Bataillon, Inspektionsbericht vom 16.06.1811

Die Gewehre wurden als sehr schlecht eingestuft. Ein großer Teil davon war auf dem Schlachtfeld von Jena aufgesammelt worden. Die ganz schlechten sollten aus den Beständen des Hauptzeughauses ersetzt werden.

Es fehlten 127 Bajonettscheiden.

Die Patronentaschen bei den Musketieren waren von verschiedener Facon.

Die Koppel waren schlecht, viele ohne Schnallen, auch gab es welche, die 2 bis 3mal angestickt waren.

Seitengewehre fehlten, es sind aber viele Seitengewehrscheiden alter Facon vorrätig. Diese sollen an andere Regimenter, hauptsächlich aber an die leichte Infanterie abgegeben werden.

Die neuen Röcke und Westen waren größtenteils schlecht gearbeitet (zu kurz, oben zu eng und unten zu weit).

Das vorrätige Bandelier für den Bataillons-Tambour soll verkauft werden, da es wegen der veränderten Doublüre und der veränderten Knöpfe nicht mehr passte.

1.leichtes Regiment, Inspektionsbericht vom 25.06.1811

Das Regiment hat bereits angefangen die fehlenden Flintenriemenknöpfe durch Schnallen zu ersetzen (zur Zeit 120 Stück).

Seitengewehre und Räumnadeln sind nicht vollständig.

Die neuen Tuchhosen und Gamaschen sollten nicht an alle, sondern nur an die ausgegeben werden, die deren nötig hatten.

Das Regiment hat 80 alte Gewehre zum Exerzieren.

Die Löcher in den alten Kuppels, wo die Namenszüge gewesen waren, sind schlecht zugemacht.

Unter den Tornistern mit weißen Riemen befinden sich viele, wo die Riemen mit Eisenschwärze schwarz gemacht worden waren. Es gibt aber kein haltbares Mittel, um aus schwarz weiß zu machen, so dass dies zu unterbleiben hat.

Beim II. Bataillon gibt es 36 Röcke, die durch Bürgerschneider in Merseburg fast gänzlich verdorben wurden (sie sind dem kleinsten Mann zu eng und zu kurz).

Unter den beiden Wagen, die noch vom 2. Schützen-Bataillon her stammen, ist einer ganz unbrauchbar.

Grenadier-Bataillon Liebenau, Inspektionsbericht vom 25.06.1811

Es fehlen Flintenriemen und 1 Zimmermannsaxt-Futteral sowie 120 Feldflaschen.

Das Grenadier-Bataillon hat – bis auf 28 alte Taschen bei den Grenadieren von Friedrich – durchgängig Grenadier-Patronentaschen neuer Facon.

Die II. Bataillone der Regimenter Friedrich und Clemens, Inspektionsberichte vom 25.06.1811

Bei beiden Bataillonen gibt es Patronentaschen von dreierlei und Kuppel von zweierlei Facon.

Regiment Prinz Anton / I. Bataillon, Inspektionsbericht vom 28.06.1811

Bei den neuen Röcken ist das blaue Doblierungstuch in der Farbe schon sehr verschieden.

Regiment Niesemeuschel, Inspektionsbericht vom 28.06.1814

Verschiedene neue Röcke waren bereits auf den Schultern ausgebessert.

Grenadier-Bataillon Anger, Inspektionsbericht vom 28.06.1814

Die meisten Tschakos waren zu weit und saßen so tief auf dem Kopf, dass es ein übles Aussehen hatte.

Die neuen Röcke waren noch nicht da, so dass sie weder anprobiert noch abgeändert werden konnten.

Das Regiment hatte noch 10 hölzerne Feldflaschen.

Regiment Prinz Maximilian, Inspektionsbericht vom 28.06.1811

Mit Seitengewehren waren nur die Unteroffiziere versehen.

Die Patronentaschen waren von verschiedener Facon.

Der Bataillons-Tambour hat ein ganz schlechtes Bandelier und keinen roten Federstutz.

Die Tschakoüberzüge waren schlecht gemacht und hatten – obwohl sie teurer waren als bei anderen Regimentern – keinen Regenschirm.

Die Grenadiere waren vollständig mit Säbeln versehen und es wurde angefragt, ob diese nun nummeriert werden sollen (Kosten 3 Pfennig/Stück).

Grenadier-Bataillon Stutterheim, Inspektionsbericht vom 02.09.1811

Bei den Grenadieren von Max sind die 4 Zimmerleute nicht mit den vorschriftsmäßigen Zimmermanns-Äxten, sondern mit Beilen, deren Helme überschlagen waren, versehen.

Regiment Prinz Maximilian, Inspektionsbericht vom 05.10.1811

Aufgrund der Abgaben vom Mannschaften an andre Regimenter, hatte das Regiment incl. der Grenadiere:
1.036 Feldflaschen alter Facon, es fehlen 987 Stück
   60 Feldkessel, es fehlen 240 Stück
  104 Zeltbeile, es fehlen 496 Stück.

Anlage 7.3   Der große, graue Leinwandsack von 1811/12

Jeder Soldat sollte sich auf eigene Kosten einen großen, grauen Leinwandsack „zu vermehrten Warmhalten auf dem Bivouac denselben zu gebrauchen und in denselben, mit den Füßen zuerst, hineinzukriechen" anschaffen.

Der Sack war 2 ¾ - 3 Ellen (1,56 – 1,70m) lang, $^5/_4 - ^6/_4$ Ellen (0,71 – 0,85m) weit und am oberen, offenen Ende mit einem 1 ¼ Zoll (2,95cm) weiten Zugsaum versehen, in welchen ein 1 Zoll (2,36cm) breiter Riemen eingezogen war. Der Riemen war schiebbar und mit Einschnitten zum Knöpfen versehen, wozu am anderen Ende des Saumes ein lederner Knopf saß.

Länge und Weite des Sackes richteten sich nach der Körpergröße des Mannes.

Anlage 7.4   Die „Cassenbillets"

Zum Verständnis der Finanzlage bei der Armee ist eine gewisse Kenntnis über die so bezeichneten „Cassenbillets" hilfreich.

Zur moderaten Vermehrung der Geldmittel des Staates wurden von Sachsen seit 1772 Kassenbillets (gedrucktes Papiergeld) mit den Nennwerten 1, 2, 5, 10, 50 und 100 Reichstalern ausgegeben. Sie stellten ein unzinsbares, nicht fundiertes Papiergeld dar, welches bei den Auswechslungskassen gegen eine Gebühr von 9 Pfennig auf 1 Taler Nennwert (oder rund 3%) in bares Geld eingetauscht werden konnte. Aufgrund der Stärke der sächsischen Wirtschaft und dem Vertrauen, dass der sächsische Staat genoss, stellten die Kassenbillets ein akzeptiertes, wertstabiles und den Handel erleichterndes Zahlungsmittel dar.

Die Kassenbillets tangierten die Armee insofern, als dass Beschaffungsverträge sowie das Traktament der Offiziere und der Offizianten halb in barem Geld und halb in Kassenbillets bezahlt wurden.

Während von 1772 -1806 insgesamt 1,5 Millionen Taler in Kassenbillets in Umlauf gebracht worden waren, erhöhte sich diese Summe im Zeitraum von 1807 – 1813 auf insgesamt 5 Millionen Taler.

Kaum hatte der Krieg 1813 sächsischen Boden berührt, sank der Wert der Kassenbillets wie ein Stein und betrug dieser Wert im Frühjahr 1813 nur noch 13 Groschen bei einem Nennwert von 1 Taler. Dies war bei 24 Groschen auf 1 Taler ein Wertverlust von fast 46%, womit die Offizierstraktamente und die Werte der eingegangenen Lieferverträge bei rund 73% der eigentlichen Werte lagen. Dem stand 1813 eine allgemeine Teuerung gegenüber.

Am 30.08.1813 versuchte die Regierung mit der Ausgabe einer freiwilligen Anleihe mit Kassenbillets, die mit 5% verzinst waren und deren Rückzahlung in barem Geld versprochen ward, gegenzusteuern – allein die Zeitereignisse verhinderten en Erfolg diese Maßregel.

Ab dem 04.10.1813 sollten die Offizierstraktamente nur noch vollständig in bar ausgezahlt werden.

Doch bereits das russische Gouvernement kehrte zur Zahlung mit Kassenbillets und der 50/50-Regelung zurück, wobei ungeachtet des realen Wertes die Kassenbillets mit dem Nennwert angerechnet wurden. Ab dem 01.02.1814 setzte das Gouvernement den Wert des 1 Taler-Billets mit 18 Groschen zzgl. des Aufgeldes von 9 Pfennigen fest und behielt eine weitere Bestimmung über die zum wirklichen Taler noch fehlenden 5 Groschen und 3 Pfennige für später vor.

Die Auswechslungssätze der Kassenbillets erholten sich in der Folgezeit und lagen pro 1 Taler bei 19 Groschen 3 Pfennigen per 02.05.1814 und 19 Groschen 6 Pfennigen per 01.06.1814.In kleinen Schritten erreichte der Wert 21 Groschen 6 Pfennige am 01.12.1814.

Anlage 7.5   Die Anrechnung fremder Kriegsdienste auf die Dienstzeit

Das umstehend abgebildete Entlassungszeugnis des Gemeinen Johann Christian Moser vom Linien-Infanterie-Regiment Prinz Maximilian bescheinigt die Teilnahme an den Feldzügen 1812, 1813, 1814 und 1815. Für die 4 Kampagnen werden Moser – wie allgemein üblich – 4 Dienstjahre zusätzlich angerechnet.

Die auf der Verabschiedung vermerkten Daten bescheinigen folgendes:

2 Jahre und 5 Monate im Regiment Prinz Maximilian als Gemeiner

1 Jahr und 8 Monate im Regiment Prinz Maximilian als Korporal

1 Monat im 2.provisorischen Infanterie-Regiment als Gemeiner

4 Jahre und 2 ½ Monate im 2. Linien-Regiment Prinz Maximilian

Stellt man auf den 13.10.1819 als Datum des Abschieds ab, so ergibt sich etwa folgender Zeitablauf:

01.06.1811   Eintritt ins Regiment Prinz Maximilian als Gemeiner
01.11.1813   Korporal im Regiment Prinz Maximilian
01.07.1815   Versetzung ins 2.provisorische Regiment als Gemeiner
01.08.1815   Versetzung ins 2. Linien-Regiment Prinz Maximilian als Gemeiner
13.10.1819   Abschied wegen Halbinvalidität (Epilepsie)

Die Teilnahme am Feldzug von 1812 scheint damit unstrittig, die am Feldzug von 1813 auch, wobei zu beachten ist, dass das Regiment Max 1813 am 02.04. bei Lüneburg des erste und am 28.08. bei Luckau das zweite Mal in Gefangenschaft ging und als Einheit bei der Reorganisation der Armee zum 29.10.1813 gar nicht zur Verfügung stand. Da mit dieser Reorganisation auch die provisorischen Regimenter geschaffen wurden, ist die Versetzung in ein solches zum 01.07.1815 mehr als sonderbar.

Auch ist die dauerhafte „Degradierung" vom Korporal zum Gemeinen nach 4jähriger Dienstzeit zwar nicht außergewöhnlich aber zumindest verwunderlich.

Aufgelöst werden können diese Ungereimtheiten nur dadurch, dass sich Johann Moser in einem Dienstverhältnis außerhalb der sächsischen Armee – beim Regiment Max ist die russisch-deutsche Legion und hier speziell deren 6.Bataillon naheliegend – befand. Am 01.07.1815 kam er mit den übrigen Soldaten, deren Geburtsort nach der Teilung in Sachsen lag, wieder zur sächsischen Armee. Auch die Rückstufung zum Gemeinen lässt sich so erklären, da dann ein fremder Souverän die Beförderung ausgesprochen hat, die im sächsischen Dienst keine Gültigkeit besaß.

Sollte diese Annahme stimmen, dass zeigt dieser Abschied, dass die in fremden – zumindest alliierten – Heeren abgeleistete Dienstzeit auf die Gesamtdienstzeit angerechnet wurde.

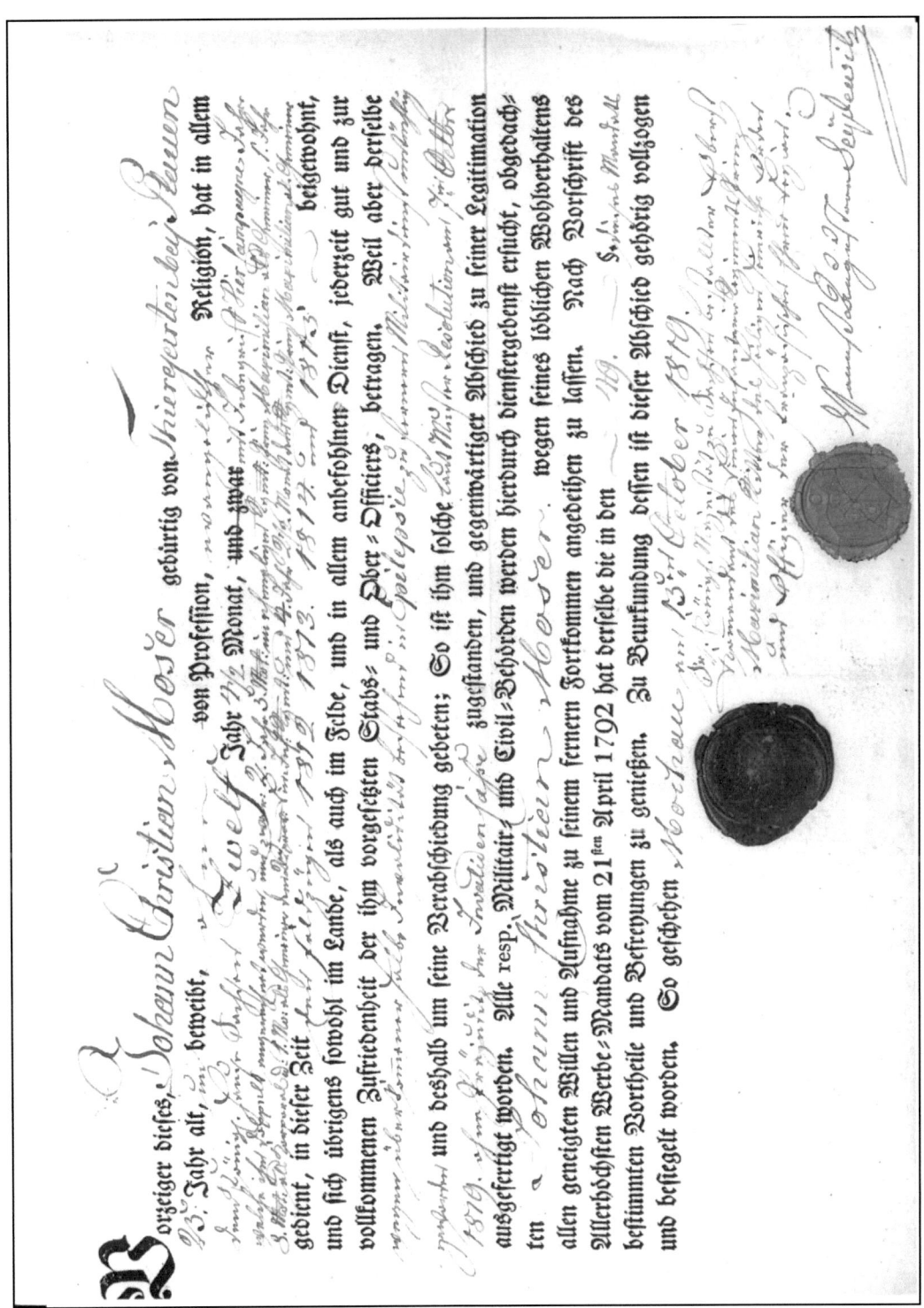

Abb. 19   Entlassungszeugnis des Gemeinen Johann Christian Moser

In der Reihe:
„Beiträge zur sächsischen Militärgeschichte zwischen 1793 und 1815"
sind bei BOD bisher erschienen:

No. 2	Berichte sächsischer Truppen aus dem Feldzug 1806 (I) – Brigade Bevilaqua
No. 5	Das Artillerie-Trainbataillon 1810 – 1813
No. 6	Das Regiment Artillerie zu Fuß, die reitende Artillerie-Brigade und die Handwerker-Kompanie 1810 - 1813
No. 8	Die Geschichte der reitenden Artillerie 1810 - 1813
No.11	Allgemeine Dienstregeln für die Unterofficiers der Churfürstlich Sächsischen Infanterie vom Jahre 1802
No.13	Das sächsische Ingenieur- und Pionierkorps 1810 – 1813
No.17	Unterricht für die Scharfschützen bey der Churfürstlich sächsischen Infanterie vom Jahre 1804 (Reglement)
No.18	Reglement für die Königlich Sächsische leichte Infanterie zu den Uebungen außer der geschlossenen Ordnung vom Jahre 1810
No.19	1812 – Die Sachsen in Rußland / Der Feldzug in den Tagesbefehlen des Generalstabes und der Intendanz – Ein Beitrag zur inneren Truppengeschichte
No.20	Die leichten Infanterie-Regimenter, die Regimentsschützen und das Jägerkorps 1810 - 1813
No.21	Das Tagebuch von Ernst Ferdinand Aster aus dem Jahre 1812
No.22	Das Tagebuch von Friedrich Ernst Aster aus dem Jahre 1812
No.23	1813 – Die Sachsen im eigenen Land / Der Feldzug der sächsischen Truppen im VII. Armeekorps in den Befehlen und Rapporten des Generalstabes und der Intendanz – Ein Beitrag zur inneren Truppengeschichte
No.24	Instruktionen für die königlich sächsische Armee 1810 – 1813 Teil I
No.25	Instruktionen für die königlich sächsische Armee 1810 – 1813 Teil II
No.26	Friedrich Vollborn – Erlebtes (III) vom 28.03.1813 bis mit 15.03.1814
No.27	Die Linien-Regimenter und die Grenadier-Bataillone 1810 - 1813
No.28	Die Fahnen der Linien-Infanterie-Regimenter 1810 - 1815
No.29	Die Linien- und leichte Infanterie 1814 – 1815 und Ergänzungen 1810 -1813
No.30	Die Landwehr-Regimenter 1813 - 1815
No.31	Instruktionen für die königlich sächsische Armee 1810 – 1815 Teil III
No.34	Friedrich Vollborn – Erlebtes (IV) vom 16.03.1814 bis mit 02.01.1816

Für weitere Informationen:
www.oberst-lieutenants-compagnie.de